Patrick Rosenthal ✗ Sandra Ruhland

DAS ULTIMATIVE
DATING-KOCHBUCH

Zu dir oder zu mir?

**50 Rezepte, mit
denen du dein Date
beeindruckst**

riva

Bibliografische Information der Deutschen Nationalbibliothek
Die Deutsche Nationalbibliothek verzeichnet diese Publikation in der Deutschen Nationalbibliografie. Detaillierte bibliografische Daten sind im Internet über http://dnb.d-nb.de abrufbar.

Für Fragen und Anregungen
info@rivaverlag.de

Wichtiger Hinweis
Ausschließlich zum Zweck der besseren Lesbarkeit wurde auf eine genderspezifische Schreibweise sowie eine Mehrfachbezeichnung verzichtet. Alle personenbezogenen Bezeichnungen sind somit geschlechtsneutral zu verstehen.

Originalausgabe
1. Auflage 2021
© 2021 by riva Verlag, ein Imprint der Münchner Verlagsgruppe GmbH
Türkenstraße 89
80799 München
Tel.: 089 651285-0
Fax: 089 652096

Umschlaggestaltung: Tobias Prießner
Umschlagabbildungen und Fotos: Patrick Rosenthal
Illustrationen Umschlag und Innenteil: john dory/shutterstock.com, Tobias Prießner
Satz: Satzwerk Huber, Germering
Druck: Florjancic Tisk d.o.o., Slowenien
Printed in the EU

Besonderer Dank gilt Daniel Graßold.

ISBN Print 978-3-7423-1911-1
ISBN E-Book (PDF) 978-3-7453-1633-9
ISBN E-Book (EPUB, Mobi) 978-3-7453-1634-6

Weitere Informationen zum Verlag finden Sie unter

www.rivaverlag.de

Beachten Sie auch unsere weiteren Verlage unter www.m-vg.de

Inhalt

Vorwort

»Liebe geht durch den Magen«, sagt man. Klar, vielleicht ist das nur ein abgedroschenes, altes Sprichwort, vielleicht musstest du auch in der Vergangenheit schon mehr miese Dates verdauen als Schmetterlinge, aber – ja, aber: vielleicht ist ja doch etwas dran und du kannst dir deine neue Liebe sozusagen erkochen. Dann bist du hier genau richtig!

Alle Rezepte in diesem Buch sind als Hauptgerichte für zwei Personen angelegt, auch die Suppen und Salate. Dein Date und du werdet also sehr wahrscheinlich von einem einzigen Gericht ausreichend satt, das soll dich aber nicht davon abhalten, auch mal ganz groß aufzufahren und mehrere Rezepte zu einem ganzen Menü zu kombinieren. Wenn du nicht gerade den Hulk datest, solltest du dann allerdings mit den Mengenangaben jeweils ein bisschen nach unten gehen.

Genieß die Vorfreude bei der Vorbereitung, den Stolz beim Servieren und den Genuss beim Essen – auch, wenn dein Date im Gegensatz zu deinem Dinner nicht hält, was er oder sie verspricht. Dennoch drücken wir natürlich die Daumen und hoffen, du bist am Ende des Abends nicht nur mit den tollen Gerichten »in love«.

Guten Appetit!

Das erste Date – beeindruckend lecker

Das erste Date – und du kochst selbst? Respekt, eigentlich hast du damit so oder so schon alle Trümpfe in der Hand.

Doch so ein Essensdate hält auch die ein oder andere Hürde parat: Da gibt es das Nudelsoße-auf-Shirt-Desaster, den Wie-soll-ich-das-in-den-Mund-kriegen-Burger oder das ungeschnittene Riesensalatblatt des Grauens.

Diese Rezepte sind daher allesamt auf ihre Datetauglichkeit getestet und du kannst mit ihnen nicht nur beeindrucken, sondern auch beim Essen selbst eine gute Figur machen.

Miniblinis mit Kaviar

Superexklusiv, superaußergewöhnlich, superweltgewandt, superlecker – wie du!

Zutaten

FÜR 10 STÜCK

100 g Weizenmehl
½ TL Backpulver
Salz
1 Ei
150 ml Milch
2 TL Speiseöl
100 g saure Sahne
100 g Kaviar oder anderer
  Fischrogen
1 Zitrone
½ Bund Dill

1. Mehl, Backpulver und 1 Prise Salz vermengen. Ei und Milch verrühren, zur Mehlmischung geben und 10 Minuten quellen lassen. Speiseöl in einer Pfanne erhitzen und aus dem Teig 10 kleine Pfannkuchen backen.

2. Blinis mit saurer Sahne bestreichen und etwas Kaviar daraufgeben.

3. Mit Zitrone und Dill servieren.

TIPP:
Der grüne Kaviar ist mit Wasabi eingefärbt. Fertig gibt es ihn als Wasabi-Fliegenfischrogen zu kaufen.

Salade niçoise

Dieser Salat ist nicht nur gesund und macht ausnahmsweise wirklich satt, sondern er enthält auch garantiert keine peinlichen Riesensalatblätter, die man kaum in den Mund bekommt, auf denen man ewig rumkaut und die somit jedes Gespräch killen.

Zutaten

FÜR 2 PERSONEN

4 Kartoffeln
2 Eier
120 g Prinzessbohnen
4 Tomaten
50 g Sardellenfilets (in Öl)
50 g schwarze Oliven
   (ohne Stein)
200 g frisches
   Thunfischfilet
5 EL Olivenöl
1 Bund Basilikum
etwas Fleur de Sel
etwas Pfeffer
Saft von ½ Zitrone

1. Kartoffeln schälen, vierteln und in Salzwasser gar kochen. Abkühlen lassen.

2. Eier hart kochen, pellen, abkühlen lassen und vierteln.

3. Die Bohnen putzen, halbieren und in kochendem Salzwasser 3 Minuten garen, dann abschrecken und in einem Sieb gut abtropfen lassen.

4. Tomaten waschen und vierteln. Sardellenfilets und Oliven abtropfen lassen.

5. Thunfischfilet in etwas Olivenöl von beiden Seiten kurz anbraten, herausnehmen und in Scheiben schneiden. Der Fisch sollte in der Mitte noch roh sein.

6. Basilikum waschen, trocken tupfen und Blätter abzupfen.

7. Tomaten, Eier, Kartoffeln, Bohnen und Thunfisch auf einem Servierteller anrichten und die Basilikumblätter darüberstreuen. Oliven und Sardellen darüber verteilen.

8. Das Ganze mit etwas Fleur de Sel und Pfeffer bestreuen. Mit Zitronensaft und Olivenöl beträufeln und mit Olivenöl übergießen.

Sommerlicher Gemüsesalat

Ein Salat wie gemacht für einen lauen Sommerabend auf dem Balkon oder ein romantisches Picknick am See, wo ihr den Sonnenuntergang bewundert, den Grillen lauscht und gegenseitig eure Mückenstiche zählt.

Zutaten

FÜR 1 GROSSEN SALAT

1 Aubergine
1 Zucchini
8 EL Olivenöl
½ Fenchelknolle
150 g Wildsalat
100 g kernlose Trauben
25 g Pekannüsse
3 EL Weißweinessig
Salz
Pfeffer
100 g Fetakäse
  (aus Kuhmilch)

1. Aubergine und Zucchini putzen, waschen und in Scheiben schneiden. 3 EL Olivenöl in einer Pfanne erhitzen und die Auberginen- und Zucchinischeiben darin von beiden Seiten anbraten. Dann auf Küchenpapier abtropfen und abkühlen lassen.

2. Den Fenchel putzen, dabei Stiele und das harte Endstück entfernen. Dann waschen und die Knolle ganz fein reiben. Den Wildsalat verlesen, waschen und trocken schütteln. Die Trauben waschen.

3. Den Wildsalat auf Teller verteilen und Trauben, Fenchel, Pekannüsse, Auberginen- und Zucchinischeiben darauflegen.

4. Für das Dressing in einer Schüssel das restliche Olivenöl mit Weißweinessig, Salz und Pfeffer verrühren. Dann über den Salat träufeln.

5. Den Fetakäse mit der Hand zerbröseln und auf den Salat streuen.

Lachs-Frittata

Eine Frittata ist nicht nur superlecker, sie bietet auch prima Gesprächsstoff: Wusstest du, dass das Gericht ursprünglich aus Italien kommt, durch italienische Einwanderer aber auch in New York seinen Platz gefunden und dort in hippen Delis angeboten wird?

Eine Frittata kann übrigens kalt oder warm verzehrt werden und eignet sich sowohl als Snack, Vorspeise und Hauptspeise. Die Variante mit Lachs empfehlen wir als warme Hauptspeise.

Zutaten

FÜR 1 GROSSE FRITTATA

70 g frischer Spinat
1 Zwiebel
1 Knoblauchzehe
100 g Cocktailtomaten
200 g geräucherter Lachs
1 EL Olivenöl
Salz
Pfeffer
8 Eier
100 ml fettarme Milch
1 Stängel Dill

Außerdem
ofenfeste Pfanne

1. Backofen auf 150 °C Umluft vorheizen. Spinat verlesen, waschen und abtropfen lassen. Zwiebel und Knoblauch schälen und fein hacken. Tomaten waschen und Lachs in kleine Stücke schneiden.

2. Olivenöl in einer ofenfesten Pfanne erhitzen. Zwiebeln und Knoblauch darin 2 Minuten andünsten. Spinat, Tomaten und Lachs zugeben und 2 Minuten mitbraten, mit Salz und Pfeffer würzen.

3. Eier und Milch mit dem Schneebesen verquirlen. Dill waschen, trocken schütteln und hacken. Die Hälfte unter die Eiermischung heben. Teig mit Salz und Pfeffer würzen und in die Pfanne gießen. 3 Minuten stocken lassen.

4. Dann Pfanne in den Backofen stellen und Frittata 20 Minuten weiterbacken. Vor dem Servieren mit dem restlichen Dill bestreuen.

Käsefondue

Käsefondue ist der Selbstläufer unter den Dating-Gerichten. Schmeckt immer und jedem (Achtung! Bei Dates mit Veganern oder Laktoseintoleranten kurz auf Seite 34 vorbeischauen und eher ein anderes Rezept wählen) und dauert exakt so lange, wie es dauern soll. Selbst, wenn sich der Einstieg ins Gespräch so zäh anfühlt wie ein schon leicht erkalteter Käserest, kommt kein peinliches Schweigen auf, denn ihr habt nebenbei immer etwas zu tun.

Noch etwas Brot, vielleicht?

Zutaten

FÜR 2 PERSONEN

200 g Gruyère
100 g Appenzeller
100 g Emmentaler
1 Knoblauchzehe
200 ml trockener
   Weißwein
½ EL Maisstärke
25 ml Kirschwasser
   (oder 25 ml Weißwein)
Pfeffer
1 Prise Muskat

Außerdem
Fonduetopf

1. Käse reiben und zur Seite stellen. Knoblauchzehen schälen, pressen und mit der Hälfte des Käses und 100 ml Wein in einen Fonduetopf geben und auf dem Herd erhitzen.

2. Bei mittlerer Hitze unter ständigem Rühren (am besten mit einem Holzlöffel) restlichen Käse und Wein zugeben, bis der Käse sich aufgelöst und mit dem Wein verbunden hat. (Je nach gewünschter Konsistenz kann etwas Wein übrig bleiben.)

3. Maisstärke mit Kirschwasser oder Weißwein glatt verrühren.

4. Käsemasse kurz aufkochen lassen, Stärkemischung unterrühren und nochmals kurz aufkochen lassen. Mit Pfeffer und Muskat würzen.

5. Den Topf auf ein Rechaud stellen oder die Käsemischung in einem ausgehöhlten Brotlaib servieren.

TIPP:

Anstelle des Weißweins eignet sich auch Bier, Sekt oder Apfelsaft. Als Beilagen passen Champignons, Birnen- und Apfelstücke, Trauben und klein geschnittenes Weißbrot. Auch kleine, festkochende Pellkartoffeln sind perfekt zum Dippen und Tunken.

Leichte Hochzeits-Lauchsuppe

Nachtigall, ick hör dir trapsen. Vielleicht denkst du dir beim ersten Date besser einen Alternativnamen für diese Suppe aus, nicht dass dein Gegenüber hektische rote Flecken bekommt. Möglich:

- ♥ Lauchsuppe á la * dein Name * (weil du so kreativ kochst)

- ♥ Lauchsuppe á la * Name deiner Mutter * (Familienmensch und so)

- ♥ Lauchsuppe á la * irgendein Name * (vorher coole Geschichte dazu ausdenken)

- ♥ Lauchsuppe.

Bleibt zu hoffen, dass bei deinem Date nicht ein Lauch den anderen findet – fingers crossed!

Zutaten

FÜR 2 PERSONEN

1 ½ Stangen Lauch
350 g Zwiebeln
2 EL Butter
Salz
Pfeffer
1 TL Zucker
100 ml trockener
   Weißwein
800 ml Gemüsebrühe
1 EL Koriandersamen
2 TL Weißweinessig
½ Bund Petersilie

1. Den Lauch putzen, längs halbieren, waschen und in 1 cm dicke Streifen schneiden. Die Zwiebeln schälen, halbieren und in schmale Streifen schneiden.

2. Butter in einem Topf zerlassen und Zwiebeln und Lauch darin 5 Minuten anschwitzen. Mit Salz, Pfeffer und Zucker würzen und 10 Minuten garen lassen.

3. Wein und Brühe angießen. Die Koriandersamen grob zerstoßen, in den Topf geben und Suppe 10 Minuten köcheln lassen. Mit Weißweinessig abschmecken.

4. Die Petersilie waschen, trocken schütteln und hacken. Die Suppe mit Petersilie bestreut servieren.

Das erste Date:
Dos and Don'ts

DO

💗 Du bist toll! Zeig das ruhig ...

💗 ... dennoch darfst du auch mal zugeben, dass du etwas nicht kannst.

💗 Sei interessiert, stelle Rückfragen.

💗 Das Date läuft in eine Richtung, die dir nicht zusagt? Trau dich, das klarzustellen.

💗 Sei du selbst. Verstellen bringt nichts, das hältst du maximal drei Dates lang durch (das haben andere schon hinreichend für dich getestet).

💗 Entscheide selbst, wie weit du gehen willst. Niemand – weder deine Freunde noch die Gesellschaft – kann besser beurteilen, was für euch in diesem Augenblick »richtig« ist, als ihr selbst.

DON'T

- ❤️ In den ersten 5 Minuten klarstellen, dass du heiraten und Kinder willst, sonst läuft hier mal gar nichts.

- ❤️ Dir bei einem Date zu Hause nach 10 Minuten »was Bequemeres anziehen« – deine Jogginghose und den Hoodie, den du seit zwei Wochen trägst.

- ❤️ Dich kleinmachen und nicht gut genug für dein Gegenüber fühlen.

- ❤️ Auf jede Frage »Mir egal, was willst du denn?« antworten.

- ❤️ Pausenlos nur von dir reden.

- ❤️ Authentisch wirken wollen und dabei ausschließlich von negativen Eigenschaften reden.

- ❤️ Etwas mitmachen, das du eigentlich nicht möchtest.

Bouillabaisse

Ein Gericht, das sowohl beeindrucken als auch irritieren kann. Bei dieser südfranzösischen Fischsuppe solltest du dir schon sehr sicher sein, dass dein Gast etwas mit Meeresfrüchten anfangen kann. Wenn ja: Go for it – so etwas bekommt man nicht alle Tage!

Zutaten

FÜR 2 PERSONEN

½ Stange Lauch
½ Zwiebel
1 Karotte
¼ Fenchelknolle
200 g reife Tomaten
   (oder stückige Tomaten
   aus der Dose)
4 EL Olivenöl
125 ml Weißwein
½ kg Fischfilets
   (z. B. Wolfsbarsch,
   Drachenkopf, Steinbutt,
   Rotbarbe, Seeteufel,
   Knurrhahn, Petersfisch)
   oder nach Belieben
   Tintenfische, Kalmare
   und Garnelen
150 g Miesmuscheln
1 Lorbeerblatt
je 1 Zweig Thymian,
   Rosmarin und Petersilie
½ Bio-Orange
Salz
Pfeffer
Piment d'Espelette

1. Lauch waschen und in feine Ringe schneiden.

2. Zwiebel und Karotte schälen, Fenchel putzen. Tomaten kurz überbrühen, die Haut abziehen und die Kerne entfernen. Alles in Würfel schneiden.

3. Olivenöl in einem großen Topf erhitzen und Zwiebelwürfel andünsten. Karotte, Lauch, Fenchel und Tomaten zugeben und kurz anschwitzen. Mit Weißwein ablöschen und mit ½ Liter Wasser aufgießen. 15 Minuten köcheln lassen. Fischfilets entgräten und in mundgerechte Stücke schneiden. Zusammen mit Miesmuscheln, Lorbeer, Thymian, Rosmarin und Petersilie zur Suppe geben.

4. Von der Orange einige Zesten abziehen und der Suppe hinzufügen. Alles 15 Minuten bei kleiner Hitze ziehen lassen. Mit Salz, Pfeffer und Piment d'Espelette abschmecken. Fertige Suppe mit etwas Baguette servieren.

Trüffelpommes

Pommes für ein Date? Na klar, warum nicht! Pommes mag schließlich jeder, und die gedankliche Assoziation mit warmen Sommertagen voller Unbeschwertheit am Baggersee oder im Freibad kann der Stimmung auch nur zuträglich sein.

Achso, und weil wir natürlich inzwischen alle supererwachsen und besonders stilvoll sind, kommt noch etwas Trüffelöl obendrauf.

Zutaten

FÜR 2 PERSONEN

500 g Kartoffeln
1 TL Olivenöl
Meersalz
½ TL Trüffelöl
15 g Parmesan, gehobelt

1. Backofen auf 200 °C vorheizen.

2. Kartoffeln schälen und in ca. 1 cm dicke Streifen schneiden.

3. Geschnittene Kartoffeln für 3 Minuten in Salzwasser kochen lassen, abseihen und ausdampfen lassen.

4. Olivenöl in eine Auflaufform geben und für 5 Minuten in den Backofen stellen.

5. Pommes frites in die Auflaufform geben, mit dem Olivenöl vermengen und mit Meersalz würzen. Im Backofen 40 Minuten backen, ab und zu wenden.

6. Vor dem Servieren mit Trüffelöl beträufeln und mit Parmesan bestreuen.

Zucchini-Blätterteigtarte

Dieses Gericht ist (nicht nur) dein Gericht, wenn du zu der »Ich würde ja gern was kochen, aber so richtig kann ich das auch eigentlich gar nicht«-Fraktion gehörst. Oder wenn du die 40 Minuten, die die Tarte im Ofen ist, noch brauchst, um dich vom Homeoffice-Neandertaler zum Vorzeigedate zu verwandeln. Oder wenn du Zucchini-Tarte einfach richtig lecker findest.

Zutaten

FÜR 1 GROSSE TARTE

Fett für die Form
1 Packung Blätterteig aus
   dem Kühlregal
2 Zucchini
1 Bund Petersilie
1 Bund Schnittlauch
250 g Schmand
3 Eier
Salz
Pfeffer
60 g Parmesan
100 g Hirtenkäse

Außerdem
Tarteform

1. Backofen auf 180 °C Umluft vorheizen und eine Tarteform (Ø 24 cm) etwas einfetten.

2. Den Blätterteig in die Tarteform legen und einen Rand formen.

3. Die Zucchini putzen, waschen und mit einem Sparschäler in Streifen schneiden.

4. Petersilie und Schnittlauch waschen, trocken schütteln und hacken.

5. Schmand, Eier, Petersilie und Schnittlauch in einer Schüssel mit dem Schneebesen verrühren. Mit Salz und Pfeffer würzen.

6. Den Parmesan reiben und unter die Creme rühren. Die Schmandcreme auf dem Teig verteilen. Die Zucchinistreifen aufrollen und in die Tarte hineinstellen.

7. Den Hirtenkäse zerbröseln und über die Röllchen streuen. Tarte im Ofen 40 Minuten backen, dann herausnehmen, 10 Minuten ruhen lassen und servieren.

Vegetarisches Blumenkohlcurry

Blumenkohlcurry. Was ähnlich stimmig klingt wie »Freizeitkrawatte« oder »Beamten-spaß« ist tatsächlich ein wirklich gutes, ganz und gar unspießiges Gericht, das sehr viel exotischer schmeckt, als sein Name klingt.

Zutaten

FÜR 2 PERSONEN

1 kg Blumenkohl
250 g Pastinaken
1 cm Ingwer
1 Schalotte
2 TL Speiseöl
2 TL Currypulver
1 TL Mehl
2 TL Tomatenmark
300 ml Kokosmilch
700 ml Gemüsebrühe
1 Dose Kichererbsen
 (Füllmenge 400 g)
2 Stängel Petersilie
1 Granatapfel
Salz
Pfeffer

1. Blumenkohl in Röschen teilen und die Kichererbsen abtropfen lassen.

2. Pastinaken schälen und würfeln. Ingwer schälen und fein reiben. Schalotte schälen und fein würfeln. In einem großen Topf 1 EL Öl erhitzen und die Blumenkohlröschen 5 Minuten anbraten, anschließend herausnehmen und zur Seite stellen.

3. Noch 1 TL Öl in den Topf geben und Schalotten- und Pastinakenwürfel anschwitzen.

4. Currypulver, Ingwer, Mehl und Tomatenmark unterrühren und mit Kokosmilch und Gemüsebrühe aufgießen. Umrühren und 5 Minuten köcheln lassen.

5. Kichererbsen und Blumenkohlröschen zugeben und nochmals 10–15 Minuten köcheln lassen, bis der Blumenkohl schön bissfest ist.

6. Petersilie hacken und Granatapfelkerne aus der Haut lösen.

7. Curry mit Salz und Pfeffer würzen und vor dem Servieren mit Petersilie und Granatapfelkernen servieren.

Vegetarische Lasagne

Wenn Liebe ein Gericht wäre, wäre es dann nicht Lasagne? Ein Gericht, für das der Begriff »Soulfood« quasi erfunden wurde. Ein Gericht, das so viel mehr ist als die Summe seiner Zutaten. Ein Gericht wie eine warme Umarmung.

Und weil diese tiefe, innige Liebe auch Tiere nicht außen vor lässt, hier in der vegetarischen Version.

Zutaten

FÜR 1 LASAGNE

800 g Blattspinat
2 Zwiebeln
2 Knoblauchzehen
3 EL Butter
Salz
Pfeffer
geriebene Muskatnuss
4 EL Mehl
500 ml Milch
10 Lasagneplatten
350 g Kirschtomaten
250 g Mozzarella
2 Stängel Salbei
½ EL getr. Thymian
½ EL getr. Oregano

1. Spinat waschen, verlesen und in einem Topf mit kochendem Salzwasser kurz blanchieren. Spinat mit dem Schaumlöffel herausheben, mit kaltem Wasser abschrecken und gründlich ausdrücken. Dann grob hacken.

2. Zwiebeln und Knoblauch schälen und fein hacken.

3. 1 EL Butter in einer Pfanne erhitzen und Knoblauch und Zwiebeln darin 2 Minuten andünsten. Pfanne vom Herd nehmen und den Spinat untermengen. Mit Salz, Pfeffer und Muskat abschmecken.

4. Die restliche Butter in einem Topf schmelzen. Mehl unter Rühren kurz anschwitzen. Unter ständigem Rühren die Milch zugießen und Soße 5 Minuten köcheln lassen. Mit Salz, Pfeffer und Muskat abschmecken und Topf vom Herd nehmen.

5. Backofen auf 180 °C Ober-/Unterhitze vorheizen.

6. Etwas von der Soße in eine Auflaufform geben, darauf eine Schicht Lasagneplatten legen und etwas Spinat darauf verteilen.

7. Tomaten waschen, halbieren und darauf verteilen.

8. Den Mozzarella abtropfen lassen, reiben und etwas auf die Tomaten streuen. Etwas Soße darübergeben, dann Lasagneplatten, Spinat, Tomaten und Mozzarella schichtweise darauf verteilen, bis alle Zutaten (bis auf ein bisschen Mozzarella und Tomaten zum Bestreuen) aufgebraucht sind. Mit einer Schicht Soße abschließen und ein paar Tomatenhälften darübergeben.

9. Salbei waschen, die Blätter grob hacken und mit dem Thymian und dem Oregano über die Lasagne streuen. Mit dem restlichen Käse bestreuen und im Ofen in 40–45 Minuten goldbraun backen.

Chermoula-Hähnchen mit Erbsenpüree

Chermoula ist eine Paste, die vor allem in der nordafrikanischen Küche genutzt wird. Ihr Hauptbestandteil ist Kreuzkümmel. Kreuzkümmel wiederum kann so einiges: Würzen, beim Abnehmen helfen, den Blutdruck senken und – natürlich – aphrodisierend wirken.

Zutaten

FÜR 2 PERSONEN

500 g Hähnchenbrustfilet
1 Knoblauchzehe
1 Schalotte
½ rote Chilischote
½ Bund frischer Koriander (50 g)
5 g gem. Kreuzkümmel
5 g Paprikapulver, edelsüß
½ TL Olivenöl
350 g TK-Erbsen
15 g Butter
100 g saure Sahne
Salz
schwarzer Pfeffer aus der Mühle

Außerdem
Holzspieße

1. Für das Chermoula-Hähnchen Hähnchenbrustfilet in 4–6 mundgerechte Stücke schneiden.

2. Knoblauch und Schalotten schälen. Chilischote waschen und putzen. Koriander waschen und trocken schütteln.

3. Knoblauch, Schalotten, Koriander, Chilischote, Kreuzkümmel, Paprikapulver und Olivenöl in einen Mixer geben und zerkleinern. Hähnchenbrustfilets mit der Mischung einreiben.

4. Erbsen antauen lassen und die Butter in einem Topf zerlassen.

5. Währenddessen Hähnchenbrustfilets auf in Wasser getränkte Holzspieße stecken und in der Pfanne von jeder Seite 6 Minuten braten.

6. 250 g Erbsen, Salz und Pfeffer in den Topf mit der zerlassenen Butter geben und zugedeckt bei reduzierter Hitze in 5–6 Minuten weich dünsten.

7. Erbsenmasse fein pürieren und die saure Sahne unterrühren.

8. Parallel die 100 g aufgetauten Erbsen in einer kleinen Pfanne mit etwas Olivenöl anrösten. Hähnchenbrustfilets zusammen mit den Erbsen anrichten und mit Erbsenpüree servieren.

»Du hast WAS?« – Unverträglichkeiten und was man beim Kochen beachten sollte

Dein Date isst ausschließlich vegetarisch, okay, das kannst du handeln. Doch was ist mit Laktose, Gluten, Fruktose und Histamin? Hier ein kleiner Überblick, was du beachten solltest.

 ## Laktoseintoleranz

Laktose in ein Milchzucker, der – wie der Name schon sagt – in vielen Milchprodukten enthalten ist. Er wird im menschlichen Darm mithilfe der Laktase, einem Enzym, gespalten und weiterverarbeitet. Verliert diese Laktase an Aktivität, entsteht eine Laktoseintoleranz: Der Zucker kann vom Körper nicht mehr verdaut werden und vergärt – die Folgen sind unangenehm und schmerzhaft. Tatsächlich ist diese Intoleranz weltweit sehr verbreitet, vor allem im asiatischen Raum ist eine gute Verträglichkeit von Laktose eher die Ausnahme.

Was bedeutet das nun für dich? Zunächst solltest du nach Möglichkeit ohne Milchprodukte kochen. Jedoch sind zum Beispiel viele Käsesorten dennoch gut verträglich, vor allem lang gereifte Sorten wie Parmesan, Camembert, Gorgonzola oder Cheddar enthalten von Natur aus kaum Laktose. Vorsicht ist hingegen bei Butter geboten, sie wird zwar in der Regel gut vertragen, kann bei einigen Laktoseintoleranten dennoch Probleme verursachen. Setze hier am besten auf pflanzliche Öle oder Margarine.

 ## Glutenunverträglichkeit

Bei einer Glutenunverträglichkeit oder gar Zölliakie reagiert die betroffene Person auf den Klebeeiweiß in verschiedenen Getreidesorten. Am bekanntesten ist der Zusammenhang mit Weizen, jedoch ist Gluten ebenso in Roggen, Gerste, Hafer, Grünkern und Dinkel enthalten.

Wenn du beim Kochen nicht komplett auf Getreide verzichten kannst oder möchtest, solltest du auf bestimmte Sorten wie Quinoa oder Teff zurückgreifen. In vielen Supermärkten und Bioläden findest du außerdem eine Auswahl an glutenfreien Produkten – darunter auch Mehl, das du problemlos weiterverarbeiten kannst.

Bedenke, dass auch einige stark verarbeitete Lebensmittel wie Süßigkeiten oder Fertig-produkte Gluten enthalten können. Hier solltest du auf jeden Fall die Zutatenliste che-cken. Bier, Whiskey und andere auf Getreide basierende Alkoholika könnten für dein Date ebenfalls problematisch sein. Kläre das entweder im Vorfeld ab oder verlasse dich im Zweifelsfall auf den guten alten Wein.

❤ Fruktoseintoleranz

Ebenso wie Laktose ist auch Fruktose ein bestimmter Zucker. Er wird auch Fruchtzucker genannt und ist überwiegend in Obst enthalten. Personen mit einer Unverträglichkeit müssen oft nicht komplett auf Obst verzichten, da der Körper eine geringe Menge davon verwerten kann, jedoch gibt es auch Ausnahmen.

Möchtest du für jemanden kochen, der an einer solchen Intoleranz leidet, wirst du mit deftigen Speisen eher wenige Probleme haben, schwieriger wird es beim Dessert. Auf der sicheren Seite bist du, wenn du auch hier komplett ohne Früchte arbeitest. Tiramisu ist zum Beispiel eine tolle Alternative, ebenso wie ein leckerer Schokokuchen (reine Vollmilch- oder Zartbitterschokolade verwenden).

Doch nicht jede Obstsorte enthält gleich viel Laktose: Besonders hoch ist deren Gehalt bei Äpfeln, Birnen, Kiwi, Feigen, Datteln, Weintrauben und Rosinen. Beachte darüber hinaus, dass Fruchtzucker ebenso in Säften und Fruchtgetränken, Marmeladen, Honig, fertigen Soßen (wie Ketchup), Diätprodukten und sogar Wurstwaren steckt oder stecken kann.

❤ Histaminintoleranz

Histamin fungiert im menschlichen Körper als Botenstoff und kommt in vielen vor allem lang gereiften und gelagerten Lebensmitteln vor. Eine Histaminunverträglichkeit ist eine Stoffwechselstörung, die Aufnahme von zu viel Histamin kann bei Betroffenen neben unangenehmen Bauchschmerzen auch zu Herzrasen und Atemproblemen führen. Hier solltest du dich also besonders gut informieren und deinem Date gern auch kurz erklä-ren, welche Lebensmittel du für euer Essen verarbeitet hast.

Welche Lebensmittel vertragen werden und welche nicht, ist pauschal nicht so leicht zu erklären. Beispielsweise enthalten Rotwein, Bananen und Thunfisch viel Histamin, Blaubeeren, Süßkartoffeln und Rindfleisch sind hingegen eher gut verträglich. Im Inter-net findest du dazu viele hilfreiche Lebensmitteltabellen und sogar komplette Rezepte für histaminarmes Kochen.

Marinierte Rindersteaks mit Speck-Prinzessbohnen

Wenn du zu denjenigen gehörst, die vor einem anstehenden ersten Date so nervös sind, dass es schwierig bis nahezu unmöglich wird, komplexe Arbeitsschritte auszuführen, geschweige denn sich irgendwas über einen längeren Zeitraum als 2 Minuten zu merken, dann wird dir dieses Rezept sehr entgegenkommen.

Das Marinieren der Steaks solltest du nämlich allein aus Geschmacksgründen schon am Vortag erledigen, sodass sie gut durchziehen können. Am Tag des Dates selbst brauchst du sie dann »nur noch« zu braten. Und ein paar Bohnen zubereiten. Aber das kriegst du hin – wir glauben an dich!

Zutaten

FÜR 2 PERSONEN

Für die Rindersteaks
1 Knoblauchzehe
1 TL Kreuzkümmelsamen
1 TL schwarze Pfeffer-
  körner
1 TL Koriandersamen
1 TL Meersalz
150 ml trockener Weiß-
  wein
10 ml Weißweinessig
1 Lorbeerblatt
2 Rindersteaks (à 200 g)
etwas Olivenöl oder
  Butterschmalz zum
  Anbraten

Für die Speckbohnen
400 g Prinzessbohnen
1 EL Öl
½ TL Pfefferkörner
1 Knoblauchzehe
½ Bund Bohnenkraut
1 EL Salz
4 Scheiben Speck
1 EL Butter

1. Für die Steak-Marinade Knoblauch schälen und fein hacken.

2. Kreuzkümmel, Pfeffer, Koriander und Salz in einem Mörser grob zerstoßen.

3. Weißwein, Essig und Lorbeerblatt zusammen mit dem Knoblauch, den Gewürzen und den Rindersteaks in eine Schüssel geben und abgedeckt im Kühlschrank 24 Stunden ziehen lassen.

4. Bohnen waschen und die Spitzen abschneiden.

5. Öl in einer großen Pfanne erhitzen. Pfefferkörner zerdrücken, Knoblauch schälen und fein hacken. Beides zusammen mit dem Bohnenkraut in die Pfanne geben und kurz anrösten. Etwas Salz zufügen.

6. 1 Liter Wasser hinzugeben, 10 Minuten kochen lassen und durch ein Sieb seihen. Brühe auffangen, in einen Topf füllen und aufkochen lassen. Bohnen hineingeben und 8 Minuten garen.

7. Währenddessen Steaks gut abtropfen lassen und von beiden Seiten in der Pfanne braten. Dafür die Pfanne mit etwas Olivenöl oder Butterschmalz stark erhitzen, die Steaks je 1 Minute von jeder Seite kräftig anbraten, Platte auf mittlere Hitze herunterschalten

und dann, je nach gewünschter Garstufe, 2–5 Minuten weiterbraten. Bei einer Dicke von ca. 3 cm sind das bei rare 2–3 Minuten, medium 3–4 Minuten und well done ca. 5 Minuten. Die Steaks in Alufolie wickeln und 5 Minuten ruhen lassen.

8. Die Bohnen unter kaltem Wasser abkühlen lassen, etwas trocken tupfen und in Speck einwickeln.

9. Butter in einer Pfanne erhitzen und die eingewickelten Bohnen von beiden Seiten kurz anbraten, bis der Speck goldbraun ist.

TIPP:
Aus der restlichen Marinade kannst du eine leckere Soße machen, indem du eine Zwiebel klein schneidest und andünstest, die Marinade zugibst und 1 Stunde einköcheln lässt.

Mousse au chocolat

Gibt es eigentlich Menschen, die Mousse au chocolat nicht mögen? Wahrscheinlich nicht. Mit diesem Nachtisch solltest du also die maximale Punktzahl einfahren können! Praktischerweise sollte die Mousse vor dem Verzehr noch 3 Stunden in den Kühlschrank, du kannst in der Zwischenzeit also noch in aller Ruhe die Wohnung aufräumen und putzen. Oder umziehen.

Zutaten

FÜR 2 PERSONEN

150 g Zartbitterschoko-
lade
1 Ei (Größe L)
100 g Schlagsahne

1. Zartbitterschokolade in Stücke brechen und in einer Schüssel langsam über einem Wasserbad schmelzen lassen. Etwas abkühlen lassen.

2. Das Ei trennen und das Eiweiß in einer Schüssel mit dem Handrührgerät steif schlagen.

3. Das Eigelb unter die geschmolzene Schokolade rühren. Dann den Eischnee unterheben.

4. Die Sahne in einer Schüssel mit dem Handrührgerät steif schlagen und grob unterheben. Masse in Förmchen füllen und mindestens 3 Stunden kühl stellen und fest werden lassen.

Geeiste Blaubeeren

Der perfekte Nachtisch, wenn du ...

... findest, Nachtisch zubereiten ist kein Kochen und es dementsprechend ungern machst.

... eigentlich noch schnell duschen wolltest, aber dein Date gleich auftaucht.

... während der Hauptspeise feststellst, dass deinem 3-Gang-Menü der Nachtisch fehlt.

... Blaubeeren magst.

Zutaten
FÜR 2 PERSONEN

125 ml Sahne
½ Päckchen Vanillezucker
½ TL Vanilleextrakt
225 g TK-Blaubeeren

1. Die Sahne mit dem Vanillezucker und dem Vanilleextrakt in eine Schüssel geben und mit dem Handrührgerät steif schlagen.

2. Die Blaubeeren unter die Vanillesahne heben und servieren.

3. Wer möchte, kann das Ganze mit frischen Blaubeeren garnieren.

Zusammen ist man weniger ... hungrig

Möglicherweise kennt ihr euch schon ein wenig besser und möchtet etwas gemeinsam unternehmen. Oder ihr seid in einer dieser unsäglichen »Ich koche«-»Nein, ich«-»Nein, ich«-Schleifen gefangen. So oder so werden euch die Rezepte in diesem Kapitel weiterhelfen, denn sie sind für ein gemeinsames Koch-Event wie geschaffen.

Denkt daran, euch im Vorfeld kurz abzusprechen, wie ihr die Aufgaben verteilen wollt und ob ihr noch individuelle Extras einbauen möchtet. Natürlich ist es superlocker, einfach spontan drauflos zu kochen, aber es sollen sich schon Paare wegen eines Stücks Schokolade im Chili getrennt haben. Wir sagen es ja nur ...

Also: Entspannt euch, lasst euch auf den jeweils anderen und seine ganz eigene Art zu kochen ein und habt eine wundervolle gemeinsame Zeit!

Ratatouille

Ratatouille ist nicht nur superlecker und supergesund, sondern auch eines dieser Gerichte, die man allein so selten macht, einfach weil es so furchtbar viel zu Schneiden gibt. In diesem Fall kommt euch das aber sehr entgegen: Ihr seid beide beschäftigt und könnt euch nebenbei toll unterhalten.

Wenn es dann irgendwann ans eigentliche Kochen geht, ist die Ratatouille auch quasi schon fertig.

Zutaten

FÜR 2 PERSONEN

250 g Zucchini
300 g Aubergine
400 g Tomaten
2 Zwiebeln
2 Knoblauchzehen
1 rote Paprikaschote
1 gelbe Paprikaschote
2 Zweige Rosmarin
2 Stängel Basilikum
3 Stängel Thymian
3 Stängel Oregano
4 EL Olivenöl
2 EL Tomatenmark
100–150 ml Gemüsebrühe
Salz
Pfeffer
1 frisches Baguette

1. Zucchini, Aubergine und Tomaten waschen, putzen und in Stücke schneiden.

2. Zwiebeln schälen und in Würfel schneiden. Knoblauchzehen schälen und fein hacken.

3. Paprika waschen, halbieren und in Stücke schneiden.

4. Kräuter waschen, Rosmarinnadeln abstreifen und fein hacken. Blätter vom Basilikum, Thymian und Oregano abzupfen und grob hacken.

5. Öl in einer großen Pfanne erhitzen.

6. Zwiebel- und Paprikawürfel darin 5 Minuten andünsten.

7. Knoblauch, Gemüse, Tomatenmark und gehackte Kräuter einrühren und kurz andünsten. 100 ml Gemüsebrühe nach und nach unter Rühren zugießen und mit Salz und Pfeffer würzen.

8. Alles 15 Minuten bei mittlerer Hitze garen. Sollte noch etwas Flüssigkeit benötigt werden, weitere 50 ml Gemüsebrühe unterrühren. Mit dem Baguette servieren.

Thailändische Pizza

Habt ihr schon mal versucht, zu zweit eine Pizza zu belegen, ohne euch dabei sehr nahe zu kommen? Eben.

Zutaten

FÜR 2 PERSONEN (1 BLECH ODER 2 RUNDE PIZZEN)

½ Würfel frische Hefe (21 g)
1 TL Zucker
150 ml lauwarmes Wasser
250 g Mehl plus mehr für die Arbeitsfläche
½ TL Salz
2 EL Olivenöl
1 Stück frischer Ingwer (3 cm)
2 rote Chilischoten
2 Knoblauchzehen
6 kleine rote Zwiebeln
1 Bio-Limette
400 g gehackte Tomaten (aus der Dose)
250 g Hähnchenbrustfilet
1 TL Sojasoße
1 Bund Koriander

1. Hefe, Zucker und 75 ml lauwarmes Wasser in eine Schüssel geben und verrühren.

2. Mehl in eine große Schüssel geben und in die Mitte eine Mulde drücken. Das Hefewasser hineingießen und mit etwas Mehl verrühren. Vorteig abgedeckt 15 Minuten gehen lassen.

3. Salz, Olivenöl und das restliche Wasser zugeben und alles mit dem Handrührgerät zu einem Teig verkneten. Abgedeckt nochmals 50 Minuten gehen lassen.

4. Ingwer schälen und fein reiben. Chilischoten waschen, putzen und hacken. Knoblauch und Zwiebeln schälen und fein hacken. Limette waschen, abtrocknen, die Schale fein abreiben und die Frucht auspressen.

5. Gehackte Tomaten mit Ingwer, Chili, Knoblauch und Zwiebeln in einen Topf geben, Limettensaft und Limettenschale unterrühren und 5 Minuten köcheln lassen.

6. Hähnchenbrust in kleine Stücke schneiden und in einer Schüssel mit der Sojasoße vermengen.

7. Backofen auf 180 °C Ober-/Unterhitze vorheizen und ein Backblech mit Backpapier auslegen.

8. Den Teig auf einer bemehlten Arbeitsfläche mit dem Teigroller zu einer großen oder zwei runden Pizzen ausrollen. Pizza mit der Tomatensoße bestreichen. Das Fleisch darüberstreuen und die Pizza im Ofen in 10–12 Minuten goldbraun backen.

9. Koriander in der Zwischenzeit waschen, trocken schütteln und grob hacken. Vor dem Servieren auf die Pizza streuen.

TIPP:
Der Teig braucht etwas Zeit zum Gehen, also entweder vorbereiten oder aber derweil schon einmal ein Dessert oder einen Salat zubereiten!

Veggie Caesar Salad

Dieser Salat ist schnell zubereitet, und jeder von euch kann seinen Teil dazu beitragen, ohne dass der oder die andere gerade nichts zu tun hat und die Wollmäuse in der Zimmerecke zählt.

Was ein Ceasar Salad darüber hinaus in einem Dating-Kochbuch zu suchen hat? Schau mal, wir haben ganz oft das Wort »SalatHERZEN« untergebracht!

Zutaten

FÜR 2 PERSONEN

2 Scheiben Sauerteigbrot
2 TL Olivenöl
Saft von ½ Zitrone
1 EL Mayonnaise
1 TL Dijon-Senf
2 kleine Salatherzen
   (Römersalat)
20 g Parmesan
25 g gehobelte
   Haselnüsse

1. Brot mit etwas Olivenöl einpinseln und von beiden Seiten in der Pfanne rösten, dann in Würfel schneiden.

2. Zitrone auspressen und den Zitronensaft in einer Schüssel mit Mayonnaise und Senf verrühren.

3. Salatherzen putzen, waschen, vierteln, mit etwas Olivenöl einpinseln und rundum in der Pfanne braten. Die Salatherzen auf Teller verteilen und mit dem Dressing beträufeln.

4. Parmesan hobeln und mit den Croûtons und den Haselnüssen über den Salat streuen.

Regenbogensalat

Der Regenbogensalat macht nicht nur wirklich satt, sondern in ihm sind auch ganz nebenbei so einige Aphrodisiaka eingebaut: Sesam soll gegen Impotenz helfen, Chili die Durchblutung ankurbeln, Ingwer das Einfühlungsvermögen erhöhen (Männer) und das Verlangen steigern (Frauen) und Knoblauch die Ausdauer erhöhen.

Dieser Salat setzt also in jeder Hinsicht ein Zeichen.

Zutaten
FÜR 2 PERSONEN

Saft von ½ Limette
1 kleine Chilischote
½ Knoblauchzehe
5 g frischer Ingwer
½ TL Sojasoße
2 Frühlingszwiebeln
2 Möhren
½ Gurke
½ gelbe Paprikaschote
6 Radieschen
25 g Blaubeeren
1 Salatherz
125 g Rinder-Minuten-
   steaks
1 TL schwarzer Sesam
1 TL heller Sesam

1. Limette auspressen und den Saft auffangen. Chilischoten putzen, waschen und in feine Ringe schneiden. Knoblauch schälen und pressen, Ingwer schälen und fein reiben. Limettensaft in einer Schüssel mit Ingwer, Knoblauch, Sojasoße und Chiliringen zu einem Dressing verrühren.

2. Frühlingszwiebeln putzen, waschen und in feine Ringe schneiden. Möhren und Gurke putzen, waschen und mit einem Sparschäler in Streifen schneiden. Paprika und Radieschen putzen und waschen. Paprika würfeln, Radieschen in feine Scheiben schneiden. Blaubeeren waschen und mit Küchenpapier trocken tupfen. Salatherz putzen, waschen und in mundgerechte Stücke schneiden. Die vorbereiteten Zutaten in einer Schüssel vermischen.

3. Minutensteaks in mundgerechte Stücke schneiden und von jeder Seite 1 Minute in der Pfanne braten.

4. Salat auf Tellern anrichten, Minutensteak-Stücke auflegen, mit dem Dressing beträufeln und mit Sesam bestreuen.

Tacos

Tacos sind gefüllte Maisfladen aus der mexikanischen Küche. Die Zutaten könnt ihr ganz individuell anpassen und nach Belieben ergänzen. Da man Tacos mit der Hand isst, solltet ihr euch nur im Klaren darüber sein, dass das Ganze beim Essen oft ähnlich elegant aussieht wie beim Burger oder Döner. Also vielleicht eher nichts für ein festliches Dinner bei Kerzenschein in Kleid oder weißem Hemd. Wobei, vielleicht müsst ihr das dann ausziehen – wegen der Flecken ... blöd ...

Zutaten

FÜR 2 PERSONEN

1 Zwiebel
2 TL Speiseöl
500 g Hackfleisch
Salz
Pfeffer
1 TL gem. Kreuzkümmel
1 TL gem. Cayennepfeffer
¼ TL Knoblauchpulver
¼ TL Paprikapulver,
   rosenscharf
1 Tomate
½ Salatkopf
4 Taco-Schalen

1. Zwiebel häuten und in kleine Würfel schneiden.

2. Öl in einer Pfanne erhitzen. Zwiebeln und das Hackfleisch anbraten. Mit Salz, Pfeffer, Kreuzkümmel, Cayennepfeffer, Knoblauchpulver und Paprikapulver würzen.

3. Tomate würfeln, Salatkopf waschen und klein schneiden.

4. Taco-Schalen mit Hackfleisch, Salat und Tomaten füllen.

Asia-Salat mit Hähnchen

Wie bei so vielen asiatischen Gerichten ist ein nicht zu unterschätzender Bestandteil dieses Gerichts Koriander. Wenn ihr (oder einer von euch) ihn nicht mögt, lasst ihn weg – zur Entschädigung gibt's hier ein paar Koriander-Fun-Facts:

- ♥ Koriander findet schon in der Bibel Erwähnung.

- ♥ Der griechische Namensbestandteil *kóris* geht auf »Wanze« zurück.

- ♥ Die Römer brachten das Kraut in die englische Küche, wo es bis zur Renaissance breite Verwendung fand, bevor es von anderen Gewürzen verdrängt wurde.

- ♥ Die Chinesen verwendeten Koriander für Liebestränke.

Zutaten

FÜR 2 PERSONEN

250 g Basmati-Reis
Saft von ½ Limette
10 g Sojasoße
1 TL Thai-Fischsoße
1 TL brauner Zucker
25 ml Reisessig
125 g Ananas
½ rote Chilischote
2 Frühlingszwiebeln
½ Bund frischer
   Koriander
400 g Hähnchenbrustfilet
1 TL Sonnenblumenöl

1. Reis in einem Topf mit Wasser nach Packungsanweisung kochen, durch ein Sieb abgießen, abspülen und abkühlen lassen.

2. Für das Dressing die halbe Limette auspressen und den Saft in einer Schüssel mit Sojasoße, Fischsoße, Zucker und Reisessig verrühren.

3. Ananas schälen und in Würfel schneiden. Chilischote und Frühlingszwiebeln putzen und waschen. Chilischote fein hacken und Frühlingszwiebeln in feine Ringe schneiden.

4. Koriander waschen, trocken schütteln und fein hacken.

5. Hähnchenbrustfilets in Streifen schneiden, mit etwas Öl in der Pfanne von allen Seiten je 5–6 Minuten braten.

6. Reis, Ananas, Chili und Frühlingszwiebeln in einer Schüssel vermischen. Koriander und Dressing unter den Reissalat mengen und den Salat mit den gebratenen Hähnchenbruststreifen servieren.

Exit-Strategien – Top 5

Kennst du das? Du hast ein Date, bist schon Tage vorher aufgeregt, stylst dich, überlegst auf dem Weg zum Treffpunkt, wie er oder sie sein könnte, wie eure Geschichte beginnt, wie eure Kinder heißen werden – und dann willst du plötzlich einfach nur weg. Sei es, dass die Manieren deines Gegenübers zu wünschen übrig lassen, kein vernünftiges Gespräch zustande kommt oder die reale Person vor dir mit den Fotos ungefähr so viel gemeinsam hat wie Kartoffelbrei mit einem Sternemenü.

Doch keine Sorge. Es gibt immer einen Ausweg.

 ### 1. Die Schwangerschaft

Vereinbare mit einer Freundin ein geheimes Zeichen, dass du ganz unbemerkt unter dem Tisch als Nachricht an sie verschicken kannst. Zum Beispiel eine leere Nachricht oder nur ein Punkt. Daraufhin bekommst du einen Anruf und erfährst am Telefon, dass – oh Gott – deine Freundin schwanger ist! Und dass am besten noch von einem furchtbaren One-Night-Stand. Jedenfalls ist sie völlig in Tränen aufgelöst und du bist die einzige Person, mit der sie reden möchte. Da musst du natürlich SOFORT hin. Danke für das Treffen, jaja, du meldest dich dann wieder ...

 ### 2. Die letzte Beziehung

Dein Date erzählt vom letzten Kroatien-Urlaub. Du: »Ah, spannend, mein/e Ex hat dort auch den letzten Urlaub verbracht.« Dein Date erzählt von seinem Job als Ingenieur. Du: »Ah mein/e Ex ist auch Ingenieur.« Dein Date trinkt gerne Merlot. »Hmm, mein/e Ex liebt Merlot!« Prinzip ist klar? Dieses Date wirst nicht du beenden müssen.

 ### 3. Der Stalker

Fange an, dich immer wieder umzuschauen. Erst flüchtig, dann immer panischer. Wenn die Location es zulässt, verabschiede dich immer mal wieder aufs Klo. Auf dein Verhalten angesprochen (sonst halt ungefragt), erzählst du von deinem Stalker. Einige Zeit später entdeckst du ihn/sie ganz in deiner Nähe. Sorry, das ist jetzt echt unhöflich, aber das Trauma sitzt tief und du stehst das jetzt psychisch echt nicht durch ... bye.

♥ 4. Der Termin

Ihr seid mitten im Gespräch und plötzlich: »... sag mal, ist heute der 12.? – Oh no, ich war irgendwie noch bei Mittwoch! Das ist mir jetzt soooo peinlich, aber ich habe in einer halben Stunde einen echt wichtigen Termin (Wohnungsbesichtigung/Treffen mit einem Anwalt/deinen Eltern irgendwas versprochen/Arzt – überleg dir das am besten vorher) und muss los. Shit, das tut mir soooo leid. Ich melde mich natürlich!«

♥ 5. Die Wahrheit

Diese Strategie erfordert vielleicht am meisten Mut, ist aber – auch wenn zunächst vielleicht etwas verletzend – fair und ehrlich. Halte es einen Kaffee oder ein Bier lang aus, bedanke dich dann ganz offen und höflich für die Zeit deines Gegenübers und das Treffen und gestehe, dass für dich die Interessen/Persönlichkeiten/Vorstellungen zu weit auseinanderliegen und du dich jetzt verabschieden möchtest.

Betrachte diese Strategien bitte mit dem nötigen Augenzwinkern – und denk immer daran, dass dein Date, so unattraktiv es für dich auch sein mag, ein Mensch mit Gefühlen ist und wie ein solcher Exit auf dich selbst wirken würde. Manchmal ist Vorsorge besser: Vereinbare für das allererste Treffen einen Spaziergang, ein Kaffee-Date oder vielleicht sogar ein Treffen in der Mittagspause. So findet es nach relativ kurzer Zeit ein natürliches Ende und ihr könnt anschließend in Ruhe entscheiden, ob ihr euch wiedersehen wollt.

Pasta mit Kürbispesto

Ein tolles Gericht für den Herbst – und wenn ihr zwar gemeinsam kochen, aber nicht stundenlang am Herd stehen wollt. Hokkaidokürbisse kann man mit Schale essen, ihr spart euch also das mühsame Schälen.

Macht euch einen gemütlichen Abend!

Zutaten

FÜR 2 PERSONEN

400 g Hokkaidokürbis
250 ml Gemüsebrühe
50 g geriebener Parmesan
40 g Sonnenblumenkerne
2 EL Olivenöl
Salz
Pfeffer
250 g Spaghetti
Kresse zum Servieren (optional)

1. Kürbis in Spalten schneiden und würfeln. Gemüsebrühe in einem großen Topf erhitzen und die Kürbiswürfel 10 Minuten im geschlossenen Topf garen. Abseihen und Brühe auffangen.

2. Kürbisstücke mit Parmesan, Sonnenblumenkernen, Olivenöl und 3–4 EL Kochsud pürieren. Mit Salz und Pfeffer würzen.

3. Spaghetti nach Packungsanweisung al dente kochen und anschließend abgießen. Nudeln mit dem Pesto vermengen.

4. Mit etwas Kresse, Sonnenblumenkernen oder Parmesan garnieren.

Knusperschnitzel mit Kartoffelsalat

Für alle Nicht-Vegetarier gilt: Schnitzel ist immer eine gute Idee. Wenn ihr mögt, könnt ihr statt Schweinefleisch natürlich auch stilecht wienerisch Kalbfleisch verwenden.

Die Besonderheit an diesem Schnitzel ist allerdings die Panade: Während man die klassische Schnitzelverpackung zu Hause nur selten so einheitlich und knusprig hinbekommt, wie die Restaurant-Fritteuse, könnt ihr mit dieser Knusperpanade gar nichts falsch machen. Sie macht ihrem Namen garantiert alle Ehre.

Zutaten

FÜR 2 PERSONEN

½ Knoblauchzehe
50 g Cornflakes
1 Prise getr. Thymian
1 Prise Paprikapulver, edelsüß
1 Ei
2 EL fettarme Milch
5 EL Mehl
2 Schweine-Schinken-schnitzel
Salz
Pfeffer
2 EL Sonnenblumenöl
½ Römersalat
1 kleine Stange Staudensellerie
½ Packung Kartoffelsalat

1. Knoblauch schälen und fein würfeln. Cornflakes zerbröseln und in einem tiefen Teller mit Thymian, Paprika und Knoblauch vermengen.

2. Ei und Milch in einem zweiten tiefen Teller mit dem Schneebesen verquirlen. Mehl in einen weiteren tiefen Teller füllen.

3. Die Schweineschnitzel waschen, mit Küchenpapier trocken tupfen und mit Salz und Pfeffer würzen. Dann zuerst in Mehl, danach im verquirlten Ei und schließlich in den zerbröselten Cornflakes wenden.

4. Öl in einer Pfanne erhitzen und die Schnitzel darin von jeder Seite knusprig braten.

5. Währenddessen den Römersalat putzen, waschen und in Streifen schneiden. Den Sellerie putzen, waschen und in Ringe schneiden.

6. Römersalat und Sellerie unter den fertigen Kartoffelsalat heben und zu den knusprigen Schnitzeln servieren.

Fazzoletti-Pasta in Salbeibutter

Ein Rezept, wenn ihr es wirklich wissen wollt. Ein gemeinsames Projekt, bei dem man sich später gegenseitig anerkennend auf die Schulter klopft und erschöpft die Früchte getaner Arbeit genießt: Die Nudeln macht ihr diesmal nämlich selbst. Wenn euch keine Beschäftigung für eine Stunde Warten einfällt (so lange muss der Teig im Kühlschrank ruhen), kann einer von euch den Nudelteig schon einmal vorbereiten und später zum Date mitbringen. Alles andere macht ihr gemeinsam.

Zutaten

FÜR 2 PERSONEN

300 g Pastamehl Type 00
2 Eier
5 Eigelb
2 TL Olivenöl
etwas Mehl für die
    Arbeitsfläche
25 frische Salbeiblätter
100 g Butter
1 Knoblauchzehe
Meersalz
schwarzer Pfeffer
50 g geriebener
    Parmesan

Außerdem
Nudelmaschine (optional)
Teigrädchen

1. Pastamehl, Eier, Eigelbe und Öl in einer Küchenmaschine zu einem geschmeidigen Teig verkneten und dann auf einer bemehlten Arbeitsfläche mit den Händen 5 Minuten weiterkneten. Zu einem flachen Fladen formen, in Klarsichtfolie verpacken und 1 Stunde an einem kühlen Ort ruhen lassen.

2. Nudelteig danach möglichst dünn ausrollen (klappt am besten mit einer Nudelmaschine) und mit einem Teigrädchen in ca. 6 x 12 cm große Stücke schneiden. Die Nudeln in einem Topf mit kochendem Salzwasser portionsweise in 5 Minuten bissfest garen. Mit einem Schaumlöffel herausheben und in einem Sieb abtropfen lassen.

3. Salbeiblätter waschen und mit Küchenpapier trocken tupfen.

4. Butter in einer großen Pfanne schmelzen und die Salbeiblätter zugeben. Auf niedriger Stufe 5 Minuten braten. Knoblauch schälen und in die Pfanne pressen. 1 Minute mitbraten.

5. Nudeln in die Pfanne geben und mit der Soße mischen. Auf Tellern anrichten und mit Meersalz, Pfeffer und Parmesan bestreuen.

Tabouleh

Ein veganer Salat aus der arabischen Küche, der dank des Bulgurs auch wirklich satt macht. Somit eignet er sich nicht nur als Beilage zum Grillen oder Picknick, sondern kann auch ein tolles, sommerliches Hauptgericht sein. Vor allem, wenn ihr anschließend noch etwas vorhabt, denn gemeinsam zubereitet, solltet ihr hier in etwa einer halben Stunde mit dem Kochen durch sein.

Zutaten

FÜR 2 PERSONEN

100 g Bulgur
2 reife Tomaten
½ Gurke
½ Zwiebel
½ Bund glatte Petersilie
½ Bund Minze
30 ml Zitronensaft
40 ml Olivenöl
½ TL Meersalz
1 Prise schwarzer Pfeffer
    aus der Mühle

1. Bulgur in eine Schüssel geben, mit 125 ml kochendem Wasser übergießen und 20 Minuten quellen lassen.

2. Tomaten und Gurke würfeln, Zwiebel fein schneiden. Petersilie und Minze grob hacken.

3. Bulgur abgießen und abkühlen lassen. Mit dem Gemüse und den Kräutern mischen. Vor dem Servieren mit Zitronensaft, Olivenöl, Salz und Pfeffer würzen.

TIPP:
Die Garprobe ist ganz einfach: mit dem Finger sanft auf die dickste Stelle des Lachses drücken. Wenn das Fleisch leicht nachgibt, ist das Filet perfekt.

Gebratener Miso-Lachs mit Auberginen

Achtung, Timing: Der Lachs sollte bereits zwei Stunden vor dem Braten mit der Ingwermischung übergossen werden und ein bisschen darin herumschwimmen.

Zutaten

FÜR 2 PERSONEN

5 g frischer Ingwer
20 ml Sake
30 ml Orangensaft
30 g Misopaste
½ TL Honig
2 Lachsfilets mit Haut
   (400 g)
500 g Auberginen
1 TL Olivenöl
Salz
schwarzer Pfeffer aus der
   Mühle
1 TL schwarzer Sesam

1. Ingwer schälen und fein reiben. In einer Schüssel mit Sake, Orangensaft, Misopaste und Honig verrühren.

2. Lachs in eine Auflaufform legen und mit der Ingwermischung übergießen. Abgedeckt im Kühlschrank 2 Stunden ziehen lassen. Auberginen waschen, putzen und in Scheiben schneiden. Scheiben von beiden Seiten mit Olivenöl bestreichen und mit Salz und Pfeffer würzen. Dann Auberginen in der Pfanne braten.

3. Lachs von beiden Seiten je 5 Minuten in der Pfanne braten. Vor dem Servieren mit schwarzem Sesam bestreuen. Die Auberginen dazu reichen.

Hähnchenfilets mit Bandnudeln

Der gute alte Wirtshausklassiker kommt nicht nur bei denen gut an, die mit Bowls und Matcha-Latte wenig anfangen können. Einfach, lecker, gut. Ein Gericht, das vielleicht ganz nebenbei Heimeligkeit und bodenständige Geborgenheit vermittelt.

Zutaten

FÜR 2 PERSONEN

200 g Bandnudeln
250 g Hähnchenbrustfilet
200 g Cocktailtomaten
125 g Doppelrahmfrisch-
  käse
¼ Bund Schnittlauch
1 EL Sonnenblumenöl
Meersalz
Pfeffer
1 kleine Zwiebel
100 ml Gemüsebrühe

1. Nudeln nach Packungsangabe in kochendem Salzwasser al dente kochen.

2. In der Zwischenzeit das Hähnchenbrustfilet waschen, mit Küchenpapier trocken tupfen und in Würfel schneiden.

3. Die Cocktailtomaten waschen und den Frischkäse durchrühren. Schnittlauch waschen, trocken schütteln und in feine Röllchen schneiden.

4. Sonnenblumenöl in einer Pfanne erhitzen und das Hähnchenbrustfilet darin rundum scharf anbraten. Mit Salz und Pfeffer würzen. Herausnehmen und zur Seite stellen.

5. Die Zwiebel schälen und in Würfel schneiden. Tomaten und Zwiebelwürfel in die Pfanne geben und andünsten. Mit Salz und Pfeffer würzen, herausnehmen und zur Seite stellen.

6. Gemüsebrühe in die Pfanne gießen, aufkochen lassen und den Frischkäse einrühren.

7. Die Nudeln abseihen und zusammen mit den Cocktailtomaten, Zwiebeln und Hähnchenbrustfilets in die Pfanne geben. Alles gut vermischen und vor dem Servieren mit Schnittlauch garnieren.

Schokoladensoufflé

Mit diesem Nachtisch müsst ihr euch mindestens eine Viertelstunde lang gar keine Gedanken machen, dass euch vielleicht langweilig werden könnte. Ungefähr so lange sitzt ihr nämlich vor dem Backofen, starrt begeistert durch dessen Fenster und versucht, den perfekten Garpunkt für diesen schokoladigen Traum herauszufinden. Das Gute: Auch noch superlecker, wenn ihr diesen knapp verpasst.

Zutaten

FÜR 2 STÜCK

etwas Butter für die
   Förmchen
100 g Zartbitterschoko-
   lade
60 g Butter
2 Eier
50 g Zucker
½ Päckchen
   Vanillinzucker
1 Prise Salz
40 g Mehl
etwas Puderzucker zum
   Bestreuen

Außerdem
2 Souffléförmchen

1. Backofen auf 160 °C Umluft (Ober-/Unterhitze 180 °C) vorheizen. Die beiden Souffléförmchen einfetten.

2. Schokolade grob hacken. Butter in einem Topf langsam schmelzen lassen. Vom Herd nehmen und die Schokolade unterrühren, bis sie aufgelöst ist. Eier zusammen mit dem Zucker, Vanillezucker und Salz schaumig rühren. Schokoladenmischung zugeben und unterrühren. Mehl zugeben und kurz verrühren.

3. Teig auf die Förmchen verteilen und auf der mittleren Schiene 13 Minuten backen. Küchlein aus dem Ofen nehmen, stürzen, mit Puderzucker bestäuben und sofort servieren.

Gebackene Äpfel mit Toffeesoße

Ob es jetzt wirklich ein Apfel war, den Eva im Garten Eden gefuttert hat, oder doch eine andere Frucht, sei dahingestellt. Dieser Apfel hier ist jedenfalls paradiesisch und nicht nur im Winter eine tolle Nachspeise.

Während man die Toffeesoße auch gut vorbereiten kann (siehe Tipp), brauchen die Äpfel mehr Aufmerksamkeit. Sie müssen nämlich eine ganze Weile in den Ofen und werden daher am besten direkt zu Date-Beginn dort platziert. Wenn du jetzt schon weißt, dass du nur Augen für dein Gegenüber haben wirst, solltest du vielleicht eine andere Nachspeise wählen – und in jeder Hinsicht nichts anbrennen lassen.

Zutaten

FÜR 2 PERSONEN

2 Äpfel
50 g Walnusskerne
25 g getr. Cranberrys
25 g getr. Aprikosen
25 g Butter, kalt und in
    Würfel geschnitten

Für die Toffeesoße
60 g Zucker
100 g Schlagsahne
20 g Butter
1 Prise Meersalz
½ Päckchen Vanillezucker

1. Backofen auf 160 °C Umluft (Ober-/Unterhitze 180 °C) vorheizen.

2. Deckel von den Äpfeln gerade abschneiden und den Apfel aushöhlen. Darauf achten, dass der Boden intakt bleibt. Walnusskerne, Cranberrys und Aprikosen fein hacken und als Füllung in die ausgehölten Äpfel geben. Äpfel in eine kleine Auflaufform setzen und Butterwürfel auf die Äpfel verteilen.

3. Auflaufform auf ein Backblech geben und die Äpfel ca. 40 Minuten backen. Nach 10 Minuten etwa 100 ml Wasser auf das Backblech gießen. Sollten die Äpfel zu braun werden, mit etwas Alufolie abdecken. Kurz abkühlen lassen.

4. Unterdessen für die Toffeesoße den Zucker in einem Topf goldbraun karamellisieren. Schlagsahne zugießen und durch Rühren beides vermischen. Butter, Meersalz und Vanillezucker unterrühren.

5. Das Ganze unter Rühren so lange bei schwacher Hitze köcheln, bis eine dickflüssige Soße entsteht. Am besten noch lauwarm über die Bratäpfel geben.

TIPP:
Abgekühlt und in sterile Flaschen gefüllt, hält sich die Toffeesoße 1 Woche im Kühlschrank.

Zum Mitbringen und fürs Picknick

Seien wir mal ehrlich: Gerade zum ersten Date trifft man sich doch lieber auf neutralem Boden mit ausreichend Fluchtmöglichkeiten. Bei einem Spaziergang zum Beispiel. Der hat nämlich kein festes Ende und kann je nach Dateverlauf beliebig verlängert oder ganz stark abgekürzt werden (siehe auch »Exit-Strategien – Top 5«).

Kennt ihr euch schon ein wenig besser, gipfelt euer Spaziergang vielleicht in einem romantischen Picknick. Oder ihr lasst das Spazierengehen einfach direkt weg – das ist hier ja schließlich ein Koch- und kein Fitnessbuch.

Die Gerichte in diesem Kapitel kannst du jedenfalls vorab zubereiten und einfach mitnehmen. Ob du dir nur ein Rezept aussuchst oder mehrere Snacks kombinierst, bleibt dabei dir überlassen.

Räucherlachstörtchen

»Hey, komm doch heute Abend mit zu uns – xy ist auch da.« Ein kleiner Satzteil, der aus einer ganz normalen Einladung zu Freunden eine hochinteressante Unternehmung macht. Xy ist auch da! Jetzt heißt es, einen bleibenden Eindruck zu hinterlassen. Im positiven Sinne – nicht wie diese Aktion mit der Zimmerpflanze bei der letzten Weihnachtsfeier …

Wir empfehlen: Räucherlachstörtchen. Sehen aus wie »Ich habe mir kaum Mühe gegeben, so was mache ich täglich«, schmecken aber wie »Sagt mal, wer war eigentlich der/die Cutie mit den Lachstörtchen?«

Zutaten

FÜR 6 TÖRTCHEN, Ø 10 CM, ODER 1 TARTEFORM, Ø 26 CM

Für den Teig
200 g Weizenmehl
100 g Butter + etwas für die Formen
1 Ei
2 EL Milch
1 Prise Salz

Für den Belag
300 g Räucherlachs in Scheiben
750 g Lauch
2 EL Butter
4 Eier
6 EL Crème fraîche
½ TL Salz
½ TL Pfeffer
1 Prise geriebene Muskatnuss
1 TL Zitronensaft

Außerdem
6 Tarteletteförmchen oder
1 Tarteform

1. Für den Teig Mehl, Butter, Ei, Milch und Salz in eine Schüssel geben und mit dem Handrührgerät zu einem Teig verkneten. Teig zu einer Kugel formen, in Klarsichtfolie wickeln und 30 Minuten im Kühlschrank ruhen lassen.

2. Währenddessen den Lachs in feine Streifen schneiden.

3. Den Lauch putzen, waschen und in feine Ringe schneiden. Butter in einer Pfanne erhitzen und den Lauch darin 5 Minuten garen.

4. In einer Schüssel Eier und Crème fraîche mit dem Schneebesen verquirlen, Lauch und Lachs unterheben und die Mischung mit Salz, Pfeffer, Muskat und Zitronensaft würzen.

5. Den Backofen auf 180 °C Umluft vorheizen.

6. Die gefetteten Formen mit dem Teig auskleiden und die Gemüse-Lachs-Mischung einfüllen. Törtchen im Ofen 30 Minuten backen.

Roasted Chicken Sandwich

Sandwich klingt erstmal banal – ist es aber gar nicht! Im Gegensatz zu einem schlichten belegten Brötchen ist hier nämlich richtig was los. Ein wirklich gut belegtes Sandwich ist wie ein guter Datepartner: vielschichtig, spannend, knackig, hat immer was Neues zu bieten und ist dazu auch noch lecker.

Zutaten

FÜR 2 SANDWICHES

200 g Hähnchenbrust
   (2 Brüste)
Salz
Pfeffer
2 TL Olivenöl
4 Scheiben Frühstücks-
   speck
2 Eier
8 Salatblätter
1 Tomate
1 Zwiebel
4 Scheiben Toastbrot
2 EL Mayonnaise

1. Hähnchenbrüste waschen, mit Küchenpapier trocken tupfen und mit Salz und Pfeffer einreiben. In einer Pfanne das Olivenöl erhitzen und die Hähnchenbrüste von allen Seiten gar braten. Zur Seite legen.

2. In der gleichen Pfanne den Speck kross braten und aus den Eiern 2 Spiegeleier zubereiten.

3. Salatblätter waschen und trocken schütteln. Tomate waschen und in Scheiben schneiden. Die Zwiebel schälen und in feine Ringe schneiden.

4. Toastbrot im Toaster rösten. 2 Scheiben mit Mayonnaise bestreichen und je 2 Salatblätter daraufgeben. Tomatenscheiben obenauf legen.

5. Hähnchenbrüste in Scheiben schneiden und auf den Tomatenscheiben verteilen. Bacon auflegen. Zwiebelringe und Spiegeleier darauflegen, mit dem restlichen Salat belegen und jeweils die zweite Toastscheibe daraufsetzen. Die Sandwiches etwas zusammendrücken und diagonal halbieren.

Süße Blaubeertörtchen

Dieser süße Nachtisch eignet sich auch prima zum Kaffee, die Anzahl der Tartelettes kannst du optimal anpassen, und dank des festen Bodens überstehen die Törtchen auch den Transport im Fahrradkorb.

Allen Nicht-Bäckern oder denjenigen mit ganz wenig Zeit sei mit auf den Weg gegeben, dass man befüllbare Tartelette-Böden auch fertig kaufen kann. Müsst ihr ja später niemandem verraten.

Zutaten

FÜR 6 TARTELETTES, Ø 10 CM, ODER 1 TARTEFORM, Ø 26 CM

Für den Boden
250 g Mehl + etwas für die Arbeitsfläche
125 g Butter
50 g Zucker
40 g gem. Mandeln
1 Ei
1 Päckchen Vanillezucker
etwas Fett für die Formen
Linsen/Erbsen zum Blindbacken

Für den Belag
120 g weiche Butter
120 g Zucker
150 g gem. Mandeln
2 Eier
1 TL Vanilleextrakt
500 g Blaubeeren
Puderzucker zum Bestäuben

Außerdem
6 Tartletteförmchen oder
1 Tarteform

1. Für den Teig Mehl, Butter, Zucker, Mandeln, Ei und Vanillezucker in eine Schüssel geben und mit den Händen zu einem glatten Teig verarbeiten.

2. Den Backofen auf 180 °C Umluft vorheizen.

3. Den Teig auf einer bemehlten Arbeitsfläche ausrollen und in die gefetteten Formen geben. Die Ränder glatt abschneiden. Den Boden mehrmals mit einer Gabel einstechen. Boden mit Backpapier bedecken und mit Linsen oder Erbsen beschweren. Teig im Ofen 10 Minuten vorbacken, dann Linsen und Backpapier entfernen und Teig weitere 10 Minuten backen. Abkühlen lassen.

4. Für den Belag in einer Schüssel Butter und Zucker mit dem Handrührgerät aufschlagen. Mandeln, Eier und Vanilleextrakt zugeben und verrühren.

5. Die Blaubeeren verlesen, waschen und mit Küchenpapier trocken tupfen.

6. Die Creme auf die vorgebackenen Teigböden verteilen und mit Blaubeeren bedecken. Die Tartelettes nochmals 30 Minuten im Ofen backen. Vor dem Servieren mit Puderzucker bestäuben.

Zum Mitbringen und fürs Picknick

Mediterraner Gnocchi-Salat

Gnocchi-Salat hat drei entscheidende Vorteile:

1. Er ist superlecker.

2. Er enthält ganz viel gesundes Zeugs.

3. Er ist kein verdammter Nudelsalat.

Punkt **3** ist nicht zu verachten und verschafft dir einen entscheidenden Vorteil bei jeder Grillparty. Du bist nämlich nicht eine von den fünf, sechs Personen, die Nudelsalat mitgebracht haben. Du bist der Gnocchi-Salat! Und jeder, der sich mit dir unterhalten möchte, hat spätestens jetzt einen top Gesprächseinstieg.

Zutaten

FÜR 2 PERSONEN

1 kleine Zwiebel
1 Knoblauchzehe
2 EL Olivenöl
400 g Gnocchi
½ Bund Basilikum
125 g Cocktail- oder
   Snacktomaten
100 g rotes Pesto
1 ½ EL Weißweinessig
25 g schwarze Oliven
   (ohne Stein)
50 g Rucola
25 g Parmesan

1. Zwiebel schälen und klein würfeln. Knoblauch schälen und fein hacken.

2. Olivenöl in einer großen Pfanne erhitzen und die Gnocchi darin ca. 8 Minuten goldbraun braten, dabei mehrmals wenden. Nach 6 Minuten Zwiebel und Knoblauch zugeben und mitbraten. Alles in eine große Schüssel füllen und abkühlen lassen.

3. Basilikum waschen, trocken schütteln und Blätter abzupfen. Tomaten waschen und halbieren. Das rote Pesto in einer Schüssel mit dem Weißweinessig verrühren. Oliven halbieren.

4. Pestosauce mit den Gnocchi, Tomaten und Olivenhälften vermengen. Rucola verlesen, waschen und trocken schütteln, mit dem Basilikum unterheben. Vor dem Servieren Parmesan hobeln und über den Salat streuen.

Sätze, an denen du erkennst, dass dieses Date euer letztes sein sollte

Bei jedem Date sagt irgendjemand an irgendeiner Stelle etwas Dummes. Das passiert. Meistens kann man darüber lachen oder es einfach ignorieren. Manchmal aber auch nicht. Dann nämlich bleibt ein dumpfes Gefühl – wie ein komischer Nachgeschmack, der sich auch mit dem nächsten Schluck Bier nicht beseitigen lässt. Bei diesen Aussagen solltest du vielleicht auf deinen Bauch hören und es bei diesem einen Date belassen:

- ❤️ Ich glaube, ich bin noch nicht über meine/n Ex hinweg.

- ❤️ Ich glaube nicht, dass Treue funktioniert.

- ❤️ Du bist fast so hübsch wie mein/e Ex.

- ❤️ Hm, du riechst wie meine Mama.

- ❤️ Stört es dich, wenn mein Kumpel noch dazukommt?

❤️ Sorry, ich bin zu spät, aber is' ja nur 'ne Dreiviertelstunde.

❤️ *rülps* – Schuuuuuuuuulz!

❤️ Äh, deine Telefonnummer brauche ich nicht, ich melde mich bei dir!

❤️ Zieh deine Schuhe ruhig aus, ich steh auf Füße.

❤️ Waschmaschine hab ich nicht, ich bringe die Klamotten am Wochenende immer zu meiner Mutter.

Grissini

Grissini gehen eigentlich immer – und sie passen zu jedem Date: ob Picknick, Strandtag, als Beilage zum Grillen oder Snack zum Serien gucken. Wenn du magst, kannst du auch von der klassischen Stangenform abweichen und ganz romantisch Anfangsbuchstaben oder Herzchen formen. Nur vielleicht nicht direkt beim ersten Date ...

Zutaten

FÜR 20–25 STÜCK

500 g Weizenmehl Type 405 plus mehr für die Arbeitsfläche
1 Pck. Trockenhefe
275 ml Wasser plus mehr zum Bestreichen
2 TL Salz
3 EL Olivenöl
etwas Sesam, Mohn und/oder Meersalz
getr. Kräuter wie Rosmarin oder Thymian nach Belieben

1. Mehl, Trockenhefe, Wasser, Salz und Olivenöl in eine Schüssel geben und mit dem Handrührgerät kurz verkneten. Teig auf eine bemehlte Arbeitsfläche legen und mit den Händen ca. 10 Minuten durchkneten, bis ein glatter Teig entsteht. Zu einer Kugel formen und mit einem Küchenhandtuch bedeckt 15 Minuten gehen lassen.

2. Teig danach nochmals durchkneten und dann mit dem Teigroller zu einem Rechteck von 1 cm Dicke ausrollen. Erneut 15 Minuten ruhen lassen.

3. Backofen auf 200 °C Ober-/Unterhitze vorheizen und ein Backblech mit Backpapier auslegen.

4. Teig in 1 cm breite Streifen schneiden und jeweils etwas rund rollen. Streifen auf ein Backblech legen, mit etwas Wasser bepinseln und mit Sesam, Mohn und/oder Kräutern und Meersalz bestreuen.

5. Grissini im Ofen in 15–20 Minuten goldbraun backen und danach auf einem Kuchengitter auskühlen lassen.

Hummus

Hummus eignet sich bestens als Dip zu Baguette oder Grissini (siehe Seite 87) oder als Brotaufstrich. Sein besonderer Vorteil: Du musst dir keine Gedanken um Unverträglichkeiten machen, Hummus ist laktose-, gluten- und nussfrei. Sein besonderer Nachteil: Wenn ihr noch knutschen wollt, solltest du die Knoblauchmenge vielleicht etwas reduzieren oder den Knoblauch vorab blanchieren. Andererseits – wenn euch ein bisschen Knoblauch vom Knutschen abhält, solltet ihr das Ganze vielleicht generell überdenken.

Zutaten

FÜR 2 PERSONEN

3 Knoblauchzehen
Saft von 2 Zitronen
350 g Kichererbsen
   (aus der Dose)
150 g Tahin (Sesammus)
½ TL gem. Kreuzkümmel
4 EL Olivenöl
Salz
½ Bund Petersilie
1 frisches Fladenbrot

1. Den Knoblauch schälen und pressen. Die Zitronen auspressen.

2. Kichererbsen, Knoblauch, Tahin, Kreuzkümmel, 2 TL Olivenöl und Salz in eine Schüssel geben und alles mit dem Stabmixer pürieren. Dabei nach und nach den Zitronensaft zugeben, bis die gewünschte Konsistenz erreicht ist.

3. Die Petersilie waschen, trocken schütteln und hacken. Vor dem Servieren den Hummus mit Petersilie bestreuen und mit dem restlichen Olivenöl beträufeln. Mit dem Fladenbrot servieren.

Tomatenbutter

Wenige Lebensmittel klingen so unspektakulär und schinden dennoch so großen Eindruck wie Tomatenbutter. Rot wie die Liebe geht diese Butter direkt über den Magen ins Herz und bekommt dort einen Ehrenplatz. Nur solo mag sie nicht bleiben, ein bisschen Baguette oder ein gegrilltes Steak sind ihre Lieblingspartner.

Zutaten

FÜR 1 GLAS, 150 G

5 getr. Tomaten in Öl
125 g Butter,
   Zimmertemperatur
1 Knoblauchzehe
2 EL Tomatenmark
1 TL Oregano
Pfeffer
Salz

1. Tomaten in kleine Würfel schneiden und zusammen mit der Butter pürieren.

2. Knoblauch schälen und pressen und zusammen mit Tomatenmark, Oregano, Pfeffer und Salz unterrühren. Bis zum Verzehr in den Kühlschrank stellen.

Melonensalat mit Ziegenkäse

Das perfekte Rezept, wenn nicht nur dein Date heiß ist: Dieser erfrischende Salat eignet sich hervorragend für sonnige Sommertage oder als Beilage zum Grillen – und gefährdet auf keinen Fall die Bikinifigur.

Zutaten

FÜR 2 PERSONEN

500 g kernarme
  Wassermelone
50 g Radieschen
1 Schalotte
15 g frische Minze
1 Kästchen Kresse
75 g Ziegenkäserolle
Salz
schwarzer Pfeffer aus der
  Mühle
1 ½ EL Himbeeressig
15 ml Olivenöl

1. Melone vierteln und in Spalten zerteilen. Die Schale abschneiden und das Fruchtfleisch in Dreiecke schneiden.

2. Radieschen putzen, waschen und in feine Scheiben hobeln. Schalotte schälen und in feine Streifen schneiden. Minze waschen, trocken schütteln und die Blättchen abzupfen. Kresse abschneiden.

3. Melone, Radieschen und Schalotte auf Teller verteilen. Ziegenkäse in Scheiben schneiden und darauf geben. Mit Salz, Pfeffer und Kresse bestreuen. Vor dem Servieren mit Essig und Öl beträufeln und mit Minze garnieren.

Gebratener Mozzarella mit Parmaschinken

Wenn ein Land für Flirten und Amore steht, dann doch irgendwie Italien, oder? Dieses Gericht könnte italienischer nicht sein: rot wie die Liebe, grün wie die Hoffnung, weiß wie dein Gesicht, wenn dir auf dem Weg zu deinem Date einfällt, dass der gebratene Mozzarella noch eingetuppert in der Küche steht.

Zutaten

FÜR 2 PERSONEN

1 Zucchini
2 EL Olivenöl
½ TL Zucker
½ Zweig Rosmarin
Salz
Pfeffer
2 Kugeln Mozzarella
4 Scheiben
    Parmaschinken

1. Die Zucchini waschen, putzen und in Scheiben schneiden.

2. 1 EL Olivenöl in einer Pfanne erhitzen und die Zucchinischeiben darin rundum goldbraun braten. Zucker und den gewaschenen Rosmarinzweig zugeben, kurz mitbraten und dann Gemüse mit Salz und Pfeffer würzen. Die Hitze herunterschalten (die Zucchini nur warm halten) und den Rosmarinzweig entfernen.

3. Die Mozzarellakugeln abtropfen lassen und halbieren. Jede Hälfte mit 1 Scheibe Parmaschinken umwickeln.

4. Das restliche Olivenöl in einer beschichteten Pfanne erhitzen und die Mozzarellahälften darin von beiden Seiten braten, bis der Schinken gebräunt ist. Zusammen mit dem Zucchinigemüse einpacken und bis zum Date in den Kühlschrank stellen.

Chocolate Chip Cookies

Wenn uns die Werbung schon suggeriert, dass Backen Liebe ist, dann sind Chocolate Chip Cookies so etwas wie der 25. Hochzeitstag: Altbewährt, aber immer noch gut!

Bei einer Glutenunverträglichkeit kannst du das Mehl austauschen, für Veganer Zartbitterschokolade und Margarine verwenden und Eier durch beispielsweise Apfelmus ersetzen (ca. 3 EL pro Ei, dann auch gern etwas mehr Backpulver verwenden).

Zutaten

FÜR CA. 30 COOKIES

250 g Schokolade
150 g Butter
300 g Mehl
1 Prise Salz
½ TL Backpulver
150 g brauner Zucker
90 g weißer Zucker
1 Päckchen Vanillezucker
1 Ei
1 Eigelb

1. Backofen auf 160 °C Ober-/Unterhitze (Umluft 140 °C) vorheizen. Ein Backblech mit Backpapier auslegen.

2. Schokolade grob hacken. Butter schmelzen und etwas abkühlen lassen. Mehl, Salz und Backpulver in einer Schüssel vermengen. Butter, braunen und weißen Zucker sowie Vanillezucker, Ei und Eigelb in eine Schüssel geben und cremig aufschlagen. Mehlmischung unterrühren. Gehackte Schokolade unterrühren.

3. Den Teig zu 30 Kugeln formen und 30 Minuten kalt stellen.

4. Je 10 Kugeln auf ein Backblech setzen und ca. 10 Minuten goldbraun backen.

Waffeln mit Obstsalat

»Ich wollte dir etwas Gutes tun und habe ganz viel Obst mitgebracht ... « – »Hm, super, danke.« – » ... mit Waffeln!« – »Ja, ich will dich heiraten!«

Zutaten

**FÜR 6–9 STÜCK
(JE NACH GRÖSSE DES
WAFFELEISENS)**

350 g Mehl
½ Pck. Backpulver
200 g Margarine
160 g Zucker
3 Eier
1 Pck. Vanillezucker
250 ml Wasser
etwas Sonnenblumenöl
    oder Butter zum Backen

Für den Obstsalat

2 Bananen
2 Kiwis
1 Orange
3 Äpfel
2 Pfirsiche oder
    Nektarinen
200 g kernlose
    Weintrauben
8 Erdbeeren
1 EL flüssiger Honig
Saft von 1 Zitrone
50 g gehackte
    Walnusskerne

Außerdem

Waffeleisen

1. Für die Waffeln Mehl in einer Schüssel mit dem Backpulver vermengen.

2. Die restlichen Zutaten außer dem Öl in einer zweiten Schüssel gut mit dem Handrührgerät vermischen und die Mehlmischung langsam unterrühren.

3. Teig 20 Minuten ruhen lassen.

4. Waffeleisen vorheizen und vor jedem Backvorgang mit etwas Sonnenblumenöl oder Butter einpinseln. Aus dem Teig je nach Größe des Waffeleisens 6–9 Waffeln backen.

5. Für den Obstsalat Bananen, Kiwis und Orange schälen. Bananen und Kiwis in Scheiben schneiden und nach Belieben halbieren. Orangenfruchtfleisch würfeln. Alles in eine Schüssel geben.

6. Äpfel und Pfirsiche waschen, entkernen und würfeln. Ebenfalls in die Schüssel geben.

7. Trauben waschen und dazugeben. Erdbeeren entstielen, waschen, klein schneiden und ebenfalls untermengen. Das Obst vorsichtig vermischen.

8. Honig in einer kleinen Tasse mit dem Zitronensaft verrühren, über den Obstsalat gießen und vorsichtig vermengen. Die Walnüsse unterheben.

Schönes zum Schöntrinken

Es sind die inneren Werte, die zählen. Was sind schon ein Waschbrettbauch oder ein wohlgeformter Hintern gegen Weltoffenheit, Humor, Intelligenz und Empathie? Der Charakter macht einen guten Partner aus.

Wenn sich auch bei dir an dieser Stelle ein kleines »aber« zum »Ja« gesellt, bist du erstens nicht allein, und zweitens können wir Abhilfe schaffen: Denn ein kleines bisschen Schöntrinken hat noch niemandem geschadet. Wenn das bei deinem Date gar nicht nötig ist: Umso besser! Dann hilft euch ein kleiner Schluck vielleicht dennoch gegen die Aufregung – oder ihr wollt einfach ganz unabhängig von der Wirkung einen leckeren Cocktail genießen.

Gin Fizz

Ein Fizz gehört zu den absoluten Drink-Klassikern. Hinter dem Namen verbirgt sich ein erfrischender, spritziger Cocktail, den man in verschiedenen Variationen genießen kann. Mit Gin ist er herrlich aromatisch, ohne dabei zu aufdringlich zu schmecken – ein sommerliches Getränk für einen prickelnden Abend.

Zutaten

FÜR 2 GLÄSER

10 cl Gin
6 cl Zitronensaft
4 cl Zuckersirup
Eiswürfel
20 cl Soda
2 Zitronenscheiben

1. Gin, Zitronensaft und Zuckersirup in einen Shaker geben. Einige Eiswürfel dazugeben und gut schütteln.

2. Durch ein Barsieb in zwei Gläser gießen, weitere Eiswürfel nach Belieben zugeben und mit Soda auffüllen. Mit Zitronenscheiben servieren.

Bier-Punsch

Mit diesem Drink bleibst du auf jeden Fall im Gedächtnis! Auch wenn du das vielleicht noch nicht so recht glauben kannst: im positiven Sinne. Der Bier-Punsch klingt abgefahren und erfordert, zugegeben, ein bisschen Experimentierfreude, das Ergebnis braucht sich aber keinesfalls zu verstecken.

Mutig, individuell und einfach toll – genau wie du!

Zutaten
FÜR 2 GLÄSER

Eiswürfel
200 ml Ananassaft
120 ml Zitronenlimonade
400 ml Bier
1 Bio-Zitrone
1 Bio-Limette

1. Eiswürfel in zwei große Gläser geben und mit Ananassaft, Zitronenlimonade und Bier auffüllen.

2. Schale der Zitrone und der Limette in feine Streifen schneiden und den Punsch damit garnieren.

Bringst du den Wein mit?

Natürlich bringst du den Wein mit, schließlich bist du weltoffen, gebildet und hip. Daher weißt du selbstverständlich auch, wie man einen guten Wein auswählt.

Falls dem nicht so sein sollte (was absolut keine Schande ist), hier ein kleiner Ratgeber:

Stell dich in einem Supermarkt (oder sogar Discounter) deiner Wahl vor das Regal. Alles, was sich unterhalb deiner Knie befindet, solltest du ignorieren. Hier befindet sich meist die sogenannte Bückware, die günstigsten Artikel der jeweiligen Kategorie.

Als Nächstes nimmst du die Weine auf Augenhöhe eines durchschnittlich großen Erwachsenen in Augenschein. Hältst du diese Preiskategorie für angemessen, solltest du hier ziemlich schnell fündig werden – wenn nicht, orientiere dich weiter nach unten, quasi ins Mittelfeld zwischen den beiden genannten Zonen.

Grundsätzlich solltest du dich gegen alle Weine entscheiden, die günstiger als etwa 4,00 Euro sind. Das ist wie beim 1,50-Euro-Döner: Wenn es möglich ist, etwas zu einem so niedrigen Preis anzubieten, verdient entweder der Händler nichts daran oder es ist möglicherweise etwas faul, das heißt, es wurde an Qualität oder Herstellung gespart. Das muss natürlich im Einzelfall nicht sein, aber als generelle Empfehlung kannst du dich daran orientieren.

Nun wirst du auf den meisten Flaschen ein paar Etiketten finden, die besagen, womit der jeweilige Wein ausgezeichnet wurde. Achte hier auf die Bezeichnungen DOC, DOP, Q.b.A. – damit kannst du schon Mal nicht ganz so viel falsch machen.

Darüber hinaus kannst du zumindest bei deutschen Weinen noch auf diese Qualitäts-stufen achten:

❤️ Tafelwein:

Darf verschnitten und mit Zucker versetzt werden, aber nur Trauben zugelassener Reb-flächen und Rebsorten enthalten.

❤️ Landwein:

Die nächste Stufe. Sie dürfen nicht verschnitten und statt Zucker maximal mit Most an-gereichert werden.

❤️ Qualitätswein:

Hier wird zusätzlich unterschieden zwischen Qualitätswein bestimmter Anbaugebiete (Q.b.A.) und Qualitätswein mit Prädikat. Beide müssen aus einem von 13 deutschen An-baugebieten stammen und unterliegen Qualitätsstandards. Sie sind mit einer Prüfziffer ausgezeichnet, die du auch auf der Flasche findest. Qualitätsweine mit Prädikat dürfen nicht weiter mit Zucker angereichert werden, „einfache" Qualitätsweine nur bis zu einer ganz bestimmten Grenze.

All das sind Kriterien, die dir helfen, einen etwas hochwertigeren Wein zu finden. Ob er dir und deinem Date aber auch schmeckt, steht allerdings auf einem ganz anderen Blatt. Dafür gibt es leider keine pauschalen Empfehlungen und das kannst du nur ganz allein durch Probieren herausfinden.

Cosmopolitan

Cosmopolitan kennt spätestens seit *Sex and the City* jeder, der die frühen 2000er noch mitgenommen hat. Für alle anderen: ein weltgewandter Klassiker unter den Drinks, der in der modernen Form aufgrund seiner erfrischenden Herbe sehr beliebt ist – unabhängig vom Geschlecht der Konsumenten. Stilvoll serviert wird er in einem Martiniglas.

Was dieser Cocktail in einem Dating-Kochbuch verloren hat? Cosmopolitan kennt man spätestens seit *Sex and the City* ...

Zutaten
FÜR 2 GLÄSER

40 ml Wodka
60 ml Cranberrysaft
40 ml Limettensaft
4 Eiswürfel
10 ml Cointreau
2 Limettenscheiben

1. Wodka, Cranberrysaft, Limettensaft, Eiswürfel und Cointreau in einen Cocktailshaker geben und einige Sekunden gut durchschütteln.

2. Durch ein Sieb in die Gläser gießen und mit den Limettenscheiben garnieren.

Weißwein-Cocktail

Weißweinschorle next level: schmeckt besser, ist kreativer und macht viel schneller betrunken. Aber ihr müsst es ja nicht übertreiben.

Wenn du es hingegen übertreiben willst: Feuchte die Ränder der Gläser an, tunke sie in braunen Zucker und stecke Partyschirmchen in den Drinks – Stimmung!

Zutaten

FÜR 2 GLÄSER

20 Eiswürfel
40 ml Limettensaft
60 ml weißer Rum
50 ml Weißwein
20 ml Zuckersirup
60 ml Ananassaft
20 Eiswürfel
2 Stängel Minze

Limettensaft mit Rum, Weißwein, Zuckersirup und Ananassaft in einen Shaker geben. Eiswürfel zugeben, alles kräftig shaken und in zwei große Gläser geben. Minze waschen und die Cocktails damit garnieren.

Blutorangendrink

Wie jetzt, Saft, oder was? Keine Sorge, das klingt nur so und ist angesichts der Menge Tequila, den du in den »Saft« schüttest, reichlich verharmlosend. Sagen wir mal so: Wenn bei euch nach diesem Drink keine gute Stimmung aufkommt, solltet ihr es vielleicht besser lassen.

Achtung: Natürlich könnt ihr den Tequila auch weglassen und so einen erfrischenden, sommerlichen Drink kreieren, nach dessen Genuss euer Date noch legal nach Hause fahren darf. Wenn ihr das denn möchtet.

Zutaten

FÜR 2 GLÄSER

60 ml Limettensaft + etwas für das Glas
Salz
180 ml Blutorangensaft
120 ml Tequila
60 ml Zuckersirup
Eiswürfel

1. 2 Gläser in etwas Limettensaft tunken und dann in Salz dippen, sodass der Rand damit überzogen ist.

2. Blutorangen-, Limettensaft, Tequila und Zuckersirup in einen Shaker geben und 20 Sekunden schütteln.

3. Ein paar Eiswürfel in die Gläser füllen und mit der Mischung aufgießen.

Endgame –
Frühstück

Das Frühstück ist der Endboss jedes Dates. Zuvor hast du Level 1: »Kennenlernen« und Level 2: »Ins Gespräch kommen« gemeistert und sogar das Sonderlevel: »Übernachtung« hinbekommen, doch dabei konnten dir immer noch die Items »Alkohol« und »Schauspielerei« helfen. Dem Endgegner trittst du nun entgegen, wie du wirklich bist – verwuschelt, übermüdet und eventuell ein kleines bisschen ernüchtert. Besiegen kann man ihn nur gemeinsam, doch wer das schafft, dem steht ein Platz in der Ruhmeshalle »Beziehung« in Aussicht.

In diesem Kapitel findest du verschiedene Rezepte, die dich davor bewahren, deine Sympathiepunkte durch Labbertoast mit Margarine zu verspielen. Von süß bis salzig und easy bis aufwendig ist alles dabei. Wie im wahren Leben.

Übrigens: Wenn du doch ein bisschen entsetzt darüber bist, wer da gerade so neben dir aufgewacht ist, empfehlen wir dir ein romantisches Frühstücksgericht zum Davonlaufen: Wurstblumen. Einfach mal googeln …

Himbeer-Porridge

Ein Porridge ist schnell zubereitet und macht dennoch ordentlich etwas her, ganz nebenbei zeigst du dich von deiner gesundheitsbewussten und hippen Seite. Allerdings solltest du dir bei diesem Frühstück relativ sicher sein, dass dein Date auch wirklich bis zum Frühstück bleibt: Das Müsli muss nämlich über Nacht im Kühlschrank ziehen.

Zutaten

FÜR 2 PERSONEN

100 g Früchte-Müsli
220 ml Milch
1 TL Honig
150 g frische oder
   TK-Himbeeren
2 Äpfel
100 g milder Joghurt

1. Müsli mit der Milch und dem Honig in einen Topf geben, verrühren und 10 Minuten unter Rühren köcheln lassen. Dann über Nacht abgedeckt im Kühlschrank ziehen lassen.

2. Am nächsten Tag die TK-Himbeeren antauen lassen, frische Himbeeren verlesen und vorsichtig waschen.

3. Die Müslimischung kurz durchrühren. Die Himbeeren mit einer Gabel zerdrücken und unter die Müslimischung heben.

4. Die Äpfel waschen, entkernen und reiben. Dann unter das Müsli heben. Mit Joghurt servieren.

Spinatomelett

Grün ist die Hoffnung. Die Hoffnung darauf, dass es nicht euer letztes gemeinsames Frühstück wird. Dass sich niemand mehr an diesen peinlichen Satz von gestern erinnert. Dass ihr euch auch verwuschelt und ungestylt gut findet. Dass ihr euch auch heute genug zu sagen habt.

Und darauf, dass das Omelett nicht versalzen ist.

Zutaten
FÜR 2 STÜCK

8 Eier
50 g Sahne
1 Prise Meersalz
1 Prise Pfeffer
100 g frischer Spinat
1 Frühlingszwiebel
2 EL Olivenöl
50 g geriebener Gouda

1. Die Eier in eine Schüssel aufschlagen, Sahne zugeben und alles mit dem Schneebesen verquirlen. Mit Meersalz und Pfeffer würzen.

2. Spinat waschen und gut abtropfen lassen.

3. Frühlingszwiebel putzen, waschen und in feine Ringe schneiden.

4. Die Hälfte des Öls in einer Pfanne erhitzen und die Hälfte der Eimasse hineingießen. Wenn das Ei zu stocken beginnt, das Omelett wenden.

5. Jeweils die Hälfte des Spinats, des Goudas und der Frühlingszwiebel auf das Omelett geben und erhitzen. Wenn der Käse geschmolzen ist, das Omelett zusammenklappen und servieren.

6. Das zweite Omelett in der gleichen Weise zubereiten.

Zeig mir dein Profilfoto und ich sage dir, wer du bist

Ist dir auch schon mal aufgefallen, dass es in Dating-Apps erstaunlich klare Muster gibt, was die Profilfotos der Personen angeht? Hier eine kleine Feldstudie der 5 häufigsten »Typen«.

 ## Fotos mit Gruppe

Hier möchte jemand sagen: »Ich bin ultra beliebt und habe mega viele Freunde«. Diese Fotos zeigen Sozialkompetenz, Integrität und (in den meisten Fällen) Lebensfreude – was sie nicht zeigen, ist, wen verdammt nochmal du hier eigentlich daten sollst.

Offenbar definiert sich diese Person stärker über seine Peergroup und deren Interessen als über ihre eigenen. Solltest du Glück haben und neben all den Gruppenfotos wenigstens ein Foto dabei sein, auf dem sich dein potenzielles Date zu erkennen gibt, magst du vielleicht kurz überlegen, ob du so ein Date auch wirklich willst. Einerseits kann man mit dieser Person bestimmt viel Spaß haben und ist nur selten allein – andererseits ist man nur selten allein.

 ## Fotos mit Tier

»Guck mal, wie süß!« – Blöd nur, wenn nicht dein potenzielles Date, sondern sein/e Hund/Katze/Giraffe/Teddy gemeint ist. Ein Foto mit Haustier: Super, hier ist jemand tierlieb und kann Verantwortung übernehmen. Ausschließlich Bilder mit Tieren: Solltest du als Date vielleicht nur in Erwägung ziehen, wenn deine liebsten Hobbys In-den-Zoo-Gehen, Zirkus gucken und Hundeschule sind.

Auch ausgefuchstes manipulatives Denken ist bei deinem Gegenüber nicht ausgeschlossen, vor allem, wenn es sich um einen Heteromann handelt – schließlich finden »alle« Frauen Tiere niedlich. Und Niedlichkeit färbt ja bekanntlich ab, wenn man sich ein Foto teilt. Weiß man.

❤️ Fotos mit ohne

Ein Foto in Bikini oder – bei den Herren – oben ohne ist noch kein Problem: Schließlich geht es im Dating-Business um einen heiß umkämpften Markt, da kann man schon mal zeigen, was man hat. Sind jedoch gar keine bekleideten Fotos im Profil zu sehen, hat hier jemand seinen Traumpartner schon gefunden: sich selbst. Du störst da eigentlich nur. Es sei denn, es geht um Sex und ganz allgemein die Bestätigung der ausgesprochenen Greatness deines Gegenüber. Entscheide selbst, ob das etwas für dich ist.

❤️ Fotos mit Promi/Sportwagen/Palme und Sonnenuntergang

Es besteht der Verdacht, dass in allen Fotoagenturen der Welt zusammengenommen weniger Fotos von Bastian Schweinsteiger existieren, als in Münchner Dating-App-Profilen.

Offenbar liegt hier die gleiche Annahme zugrunde wie bei der Niedlichkeit von Tieren: Färbt ab. Ob das nun der Fame eines Prominenten ist, die Richness eines Sportwagens oder die Exotik einer Palme bei Sonnenuntergang, auf der sich Lisa (28) aus Grevenbroich räkelt und gerade lieber ein bisschen Adriana (28) aus Rio wäre.

Natürlich ist das hier ein Spiel, bei dem sich jeder von seiner besten Seite zeigt und dabei auch ein bisschen schummeln darf. Doch ist es nicht schade, wenn jemand denkt, er habe selbst nicht genug zu bieten, um dann diverse Statussymbole den Job machen zu lassen?

Auch hier: Die Menge macht's. Siehst du vor lauter Angeberkulisse den Wald nicht mehr, hat dein Vielleicht-Date gegebenenfalls ein kleines Problem mit seinem Selbstbewusstsein und sollte lieber ein Kein-Date bleiben.

❤️ Foto

Nur ein Bild? Was soll der Geiz? Klassischerweise ist das nicht mal ein wirklich Gutes und lässt das Gegenüber nur erahnen. Hier hat jemand entweder massiv etwas zu verstecken, ist sich zu cool für die ganze Dating-Nummer, möchte weder Zeit noch Mühe in die Partnersuche investieren oder ist seit 5 Jahren verheiratet und möchte nicht versehentlich von ein paar Freunden erkannt werden. So oder so – keine gute Idee.

Anmerkung:

Je nach Leistung des Mixers kann es nötig sein, die Ingwer-Mischung vor dem Abfüllen zu filtern. Dazu eignet sich am besten ein Feinsieb oder ein Küchentuch aus Stoff.

Die Menge reicht für 10 Shots, also nicht alles auf einmal trinken. Wem der Shot zu scharf ist, der kann ihn auch mit etwas Orangensaft oder Mineralwasser mischen.

Ingwer-Shot

Leicht angekatert? Noch ein bisschen müde? Oder ihr braucht einfach nur noch einen kurzen Kick, um in einen weiteren gemeinsamen Tag zu starten? Dann ist Mr Ingwer-Shot euer Mann! Geht schnell, macht wach und ist natürlich super gesund.

Der Ingwer-Shot eignet sich auch gut als Ergänzung zu den anderen Frühstücks-Varianten.

Zutaten
FÜR 10 SHOTS

Saft von 3 Zitronen
100 g Ingwer

Außerdem
Standmixer oder
    Pürierstab

1. Die Zitronen auspressen, den Ingwer schälen und klein würfeln. Ingwer und Zitronensaft mit 200 ml Wasser in einen Standmixer geben und fein pürieren. Alternativ einen Pürierstab verwenden.

2. Mischung in eine Flasche abfüllen und im Kühlschrank aufbewahren. Vor dem Verzehr gut schütteln.

Vanilla Pancakes

Ein Gericht, so gülden und herzerwärmend wie ein strahlender Sonnenaufgang in Kalifornien. Gleichzeitig machst du damit klar, wie super unabhängig du bist – auch finanziell. Schließlich ist Vanille nach wie vor eines der teuersten Gewürze der Welt. Über diesen Fakt könnt ihr euch dann auch prima unterhalten, wenn ihr euch am nächsten Morgen leider nicht mehr so viel zu sagen habt und bedrückendes Schweigen statt prickelnder Stimmung herrscht. Doch dazu wird es natürlich nicht kommen: Vanille wirkt nämlich stimmungsaufhellend, sein Duft angstlösend und beruhigend.

Zutaten

FÜR 10 STÜCK

160 g Mehl
1 EL Backpulver
2 EL Zucker
1 TL Salz
8 EL Butter
1 Ei
240 ml Milch
2 TL Vanilleextrakt
1 Vanillestange
10 EL Ahornsirup
frische Früchte (optional)

1. Mehl, Backpulver, Zucker und Salz in eine große Schüssel geben.

2. 4 EL Butter in einem Topf bei milder Hitze schmelzen lassen und in einer zweiten Schüssel mit dem Schneebesen mit dem Ei, der Milch und dem Vanilleextrakt verrühren. Buttermischung zur Mehlmischung geben und gut verrühren. Vanillestange mit einem scharfen Messer längs halbieren und das Mark vorsichtig herauskratzen. Zum Teig geben und noch einmal gut rühren.

3. Etwas von der restlichen Butter in einer beschichteten Pfanne erhitzen und pro Pancake 3 EL Teig in die Pfanne geben und von beiden Seiten goldbraun backen. Vorgang wiederholen, bis der Teig aufgebraucht ist.

4. Pancakes mit Ahornsirup und nach Belieben mit frischen Früchten nach Wahl servieren.

English Breakfast / Katerfrühstück

Falls ihr euch am Vortag für einen oder mehrere der Rezepte aus der Kategorie »Schöntrinken« entschieden habt, wird es vermutlich höchste Zeit für ein Katerfrühstück. In diesem Fall können Pancakes und Nutella-Brötchen einpacken und etwas »Vernünftiges« muss her: leicht verdaulich mit jeder Menge Mineralien. Gute Besserung!

Zutaten

FÜR 2 PERSONEN

150 g Kirschtomaten
100 g weiße Champignons
Salz
Pfeffer
3 EL Olivenöl
1 Schalotte
1 EL Tomatenmark
1 kleine Dose weiße
   Bohnen (ca. 200 ml)
100 ml passierte Tomaten
½ EL Worcestershire-
   sauce
15 g Rohrzucker
100 g Frühstücksspeck
2 Scheiben Bauernbrot
1 TL Rapsöl
2 Eier
1 Zweig Petersilie

1. Den Backofen auf ca. 180 °C Ober-/Unterhitze vorheizen und ein Backblech mit Backpapier auslegen. Kirschtomaten waschen, Champignons putzen und beides halbieren. Auf dem Backblech verteilen und mit Salz und Pfeffer würzen. 2 EL Olivenöl darübergeben und mit den Tomaten und Champignons vermengen. 20 Minuten backen.

2. Restliches Olivenöl in einem Topf erhitzen. Schalotte enthäuten, in Streifen schneiden und kurz anschwitzen. Tomatenmark hinzugeben und kurz mit anschwitzen. Bohnen mit $\frac{2}{3}$ der Dosenflüssigkeit hinzufügen und mit Salz und Pfeffer würzen. Passierte Tomaten hinzufügen und mit der Worchestershiresauce würzen. Alles aufkochen lassen und mit Rohrzucker abschmecken.

3. Masse in eine Auflaufform geben und für die letzten 5 Minuten mit zu den Kirschtomaten und Champignons in den Backofen stellen.

4. Frühstücksspeck klein schneiden und ohne Fett in einer beschichteten Pfanne anbraten, bis er knusprig ist. Herausnehmen und auf einem Stück Küchenpapier abtropfen lassen.

5. Das Bauernbrot in einer Grillpfanne von beiden Seiten goldbraun grillen. Rapsöl in einer Pfanne erhitzen und die Eier zu Spiegeleiern braten.

6. Speck, Bohnen und die gebackenen Kirschtomaten mit den Champignons in eine Pfanne geben. Mit Salz und Pfeffer würzen und mit Petersilie garnieren. Mit dem gegrillten Brot und Spiegelei servieren.

Und wenn das Date ein voller Erfolg war:

Auch als **E-Book** erhältlich

176 Seiten
19,99 € (D) | 20,60 € (A)
ISBN 978-3-7423-1091-0

Christiane Leesker
Vanessa Jansen
I love you
Das Kochbuch für zwei,
die sich lieben

Füreinander zu kochen macht glücklich und ist eine ganz besondere Art, seine Liebe zu zeigen! Für jede Gelegenheit in eurem Leben zu zweit zeigt euch dieses Buch neue und spannende Rezepte – ob romantisches Frühstück, Picknick im Park, Wohlfühlzeit auf der Couch, liebevolle Meal-Prep-Gerichte für einen langen Arbeitstag, einfache Alltagsküche oder das besondere Menü für Freunde.
Verwöhnt euch gegenseitig, kocht gemeinsam und entdeckt dabei jedes Mal neue Seiten an eurem Lieblingsmenschen!